Rolf Schneider
Rheinsberg

Rolf Schneider

Rheinsberg

Eine preußische Legende

Mit Fotografien von Therese Schneider

edition q im
be.bra verlag

Abbildungsnachweis
bpk 24, 62, 65; Deutsche Fotothek 17 (Andreas Peter); Kugler, Franz: Geschichte Friedrich der Großen gezeichnet von Adolph Menzel, Verlag E. A. Seemann 1926 20, 22, 23 unten, 25, 27, 29, 30, 32, 67 unten; Tucholsky, Kurt, Rheinsberg. Ein Bilderbuch für Verliebte, Axel Juncker Verlag 1928 53, 54; ullstein bild 63; Verlagsarchiv 10, 13, 14, 15, 16, 19, 23 rechts, 26, 31, 33, 35, 37, 38, 39, 40, 41, 46, 47, 48, 49, 50, 51, 55, 56, 57, 58, 60, 61, 64, 66, 67 rechts. Alle anderen Fotografien von Therese Schneider.

Bibliografische Information der Deutschen Nationalbibliothek
Die Deutsche Nationalbibliothek verzeichnet diese Publikation in der Deutschen Nationalbibliografie; detaillierte bibliografische Daten sind im Internet über http://dnb.d-nb.de abrufbar.

KulturBrauerei Haus 2
Schönhauser Allee 37, 10435 Berlin
post@bebraverlag.de
Lektorat: Matthias Zimmermann, Berlin
Gesamtgestaltung: Therese Schneider, Berlin
Schrift: Platino 8,7/10,5 pt
Druck und Bindung: Dami Editorial & Printing Services
ISBN 978-3-86124-652-7

www.bebraverlag.de

Inhalt

Obelisk am Westufer des
Grienericksees

Annäherung

Am Westufer des Grienericksees, exakt gegenüber von Schloss Rheinsberg, erhebt sich auf einer Anhöhe ein weithin sichtbarer Obelisk. Er wurde von einem der Schlossbesitzer errichtet, dem Preußenprinzen Heinrich, einem jüngeren Bruder König Friedrichs II.

Obelisken sind Steinpfeiler auf quadratischem Grundriss, die sich nach oben verjüngen und in eine pyramidenförmige Spitze auslaufen; das griechische Wort, das sie benennt, bedeutet »kleiner Spieß«. Obelisken kamen im alten Ägypten auf, wo sie dem Sonnenkult dienten, es gab sie auch im alten Assyrien. Ihre moderne Konjunktur erlebten sie im Zeitalter von Barock und Neoklassizismus, wo sie vornehmlich als Grabanlagen dienten. Später wurden sie gern als frei stehende Denkmalsform in Parkanlagen getan.

Der Obelisk am Grienericksee steht seit 1791. Sein Schöpfer war der Architekt Georg Friedrich von Boumann, Sohn jenes Jan Bouman, der das Holländische Viertel in Potsdam gebaut hat. Vor dem Obelisken hatte an gleicher Stelle eine Trajanssäule gestanden; Prinz Heinrich ließ das neue Monument errichten, da er damit an seinen 1758 verstorbenen älteren Bruder August Wilhelm erinnern wollte. Der war zwar offizieller Thronfolger des kinderlosen Königs Friedrich II. gewesen, und sein ältester Sohn würde als Friedrich Wilhelm II. 1786 den preußischen Thron besetzen, doch König Friedrich hatte den jüngeren Bruder in Unehren aus seiner Armee entlassen, was Heinrich als grob ungerecht empfand. Zusätzlich zur Aufstellung der Säule gedachte er dies durch eine Büste und ein Rondell im Rheinsberger Park wiedergutzumachen.

Dass dies alles erst nach Friedrichs Tod erfolgen konnte, sagt etwas aus über den Rigorismus, mit dem Friedrich seine Ansich-

August Wilhelm von Preußen.
Büste im Park Rheinsberg

Obelisk. Seitenansicht

Plakette für August Wilhelm am Obelisken

ten vertrat. Der Obelisk aber, da er nun stand, wurde, wie bei solchen Steinsäulen seit ägyptischen Zeiten üblich, rundum mit weiteren Inschriften versehen. Sie widmen sich durchweg preußischen Militärs, die in Friedrichs Kriegen gekämpft haben, vom immer noch bekannten Marschall von Keith bis zum inzwischen vergessenen Major von Blumenthal.

Da »solcher preußischen Helden in jener Ruhmeszeit unzweifelhaft sehr viele waren, so lag es dem Prinzen ob, unter den vielen eine Wahl zu treffen«, vermerkt mit spöttischem Zungenschlag Theodor Fontane. »Jeder Name steht in einem Medaillon und ist von einer kurzen, in französischer Sprache abgefassten Charakteristik begleitet.« Die Auswahl sei ganz subjektiv gewesen, jedoch hätten alle, »die bei der einen oder anderen Gelegenheit von der Ungnade des Königs betroffen wurden, ziemlich sicher sein dürfen, an diesem Obelisken ihr Konto in Balance gebracht zu sehen«. Fontane hat in seinen »Wanderungen durch die Mark Brandenburg« jenem Obelisken ein eigenes Kapitel gewidmet und nennt ihn dort »vielleicht die größte Sehenswürdigkeit Rheinsbergs«.

Ein Brite, Andrew Hamilton (wir kommen auf ihn zurück), erzählt von der Einweihung des fertigen Denkmals:

»Viele Tausende von Zuschauern waren dabei zugegen, eine große Zahl von auswärts – aus Berlin, Hamburg, Strelitz und selbst aus Kassel, darunter Massen von Offizieren und Soldaten. Den Anfang des festlichen Aktes machte ein militärisches Bankett. Nach diesem fielen die Hüllen, welche die Inschriften verbargen, unter dem Donner der Kanonen und beim Schalle der Trompeten und Pauken. Dann stieg Tauentzien, der Adjutant, die Stufen des Piedestals hinan und verlas die Rede, welche der Prinz, natürlich in französischer Sprache, verfasst hatte.«

Prinz Heinrich, Erfinder des Denkmals, erzählt die Fortsetzung des Zeremoniells:

»Wir haben danach bis spät in die Nacht hinein getanzt, das Schloss und alles, was man am anderen Ufer sah, war erleuchtet.« Dann: »36 Generäle sind noch zwei Tage länger geblieben. Ich habe den alten Soldaten die Rede auf Deutsch vorlesen lassen, und viele haben geweint.«

Der Obelisk steht auf der Grenze zwischen dem Schlosspark und dem Boberower Wald. Nahebei finden sich noch andere Artefakte. Südlich davon, dem Ufer des Sees folgend, erstreckt sich der Park mit seinen künstlichen Grotten. Vom Hügel des Obelisken geht ein besonders hübscher Blick auf das Ostufer mit dem Schloss. Umgekehrt ist von der Schlossterrasse aus der Obelisk unübersehbar.

Dem Arbeiter- und Bauernstaat DDR mit seinem antiborussischen Furor waren die Inschriften an der Steinsäule eine Gräul, also ließ man sie entfernen. Die Medaillons blieben leer. Erst 1992, als man die Granitsäule restaurierte, wurden die Inschriften, neu verfertigt, an ihren ursprünglichen Stellen wieder angebracht.

Die Geschichte des Obelisken ist repräsentativ für Vergangenheit und Gegenwart des gesamten Anwesens Rheinsberg. Wie sagt Kurt Tucholsky? »Der Mensch ist ein politisches Geschöpf, das am liebsten zu Klumpen geballt sein Leben verbringt. Jeder Klumpen hasst die anderen Klumpen, weil sie die anderen sind, und hasst die eigenen, weil sie die eigenen sind. Den letzteren Hass nennt man Patriotismus.«

Einfassung des Obelisken

Gedenktafel am Obelisken

Georg Wenzeslaus von
Knobelsdorff:
Blick auf Rheinsberg.
Gemälde. 1737

Ein großer See umspült die Mauern

Frühgeschichte

»Während der Zeit, dass die Särge geöffnet im Kirchenschiffe standen, trug sich eine Geschichte zu, die, mit ihrem gespenstischem Anfluge, die Gemüter der Rheinsberger allerdings auf Wochen hin beschäftigen durfte. Unter den Toten befand sich nämlich auch eine Margarete von Eichstädt, eine schöne Frau, die bei jungen Jahren gestorben war. Ihre weißen Grabgewänder waren noch wohlerhalten, um den Hals trug sie reiches Geschmeide und endlich auch einen schmalen Trauring am Ringfinger der rechten Hand. Tag und Nacht hatten Wächter in der Kirche gestanden. Als nun die Zeit kam, wo die Särge wieder geschlossen werden sollten, bemerkte man, dass der Ring am Ringfinger Margaretes von Eichstädt fort war. Ein gewöhnlicher Diebstahl konnte nicht vorliegen, das reiche Halsgeschmeide war unberührt geblieben, und nur eben der *Ring* fehlte.

Wer trug ihn jetzt?«

Der Text stammt von Theodor Fontane. Der Schriftsteller hatte einen gesunden Sinn für Kriminalgeschichten, wie seine Romane »Unterm Birnbaum« und »Ellernklipp« belegen. Der sonderbare Diebstahl in der Kirche dürfte Ende des Mittelalters geschehen sein, als Rheinsberg sich im Besitz des Adelsgeschlechts der Bredows befand, die ihrerseits versippt waren mit benachbarten Junkerfamilien, so den Sparrs, den Schulenburgs und eben den Eichstädts. Mitglieder all jener Dynastien wurden in der Kirche von Rheinsberg beigesetzt.

Die urkundliche Ersterwähnung Rheinsbergs – als Rynesperg – stammt von 1315. Das erste Herrenhaus war eine Wasserburg, erste Eigner waren die Familien Platen, Lüderitz, Arnim, Lindow und Restorf. Ab 1465 gehörte Rheinsberg den Bredows. Sie waren märkischer Uradel, ihr Stammhaus stand im Havelland. Bredow ist heute Teil der Gemeinde Brieselang im Fleming, das dortige Schloss wurde Opfer des letzten Krieges.

Die Sippe hatte sich frühzeitig in mehrere Linien gespaltet, denen zeitweise große Teile der Mark Brandenburg gehörten; bekannt wurden sie unter anderem durch ein episches Zeugnis. »Die Hosen des Herrn von Bredow« sind ein historischer Roman des zu seiner Zeit vielgelesenen Fontane-Zeitgenossen Willibald Alexis; humoristisch-umständlich erzählt er, wie die Lederhose des Titelhelden gestohlen wird und der Besitzer mit Vornamen Götz, als er sein Kleidungsstück zurückhaben will, in den Verdacht gerät, Raubritter zu sein. Die Vermutung war nicht allzu weit hergeholt. Die märkischen Junker haben eine stolze Tradition als Wegelagerer: »Reiten und Rauben ist keine Schande, / Es taten's die Edelsten im märkischen Lande«, ging ein geflügeltes Wort.

Der letzte Bredow, dem Rheinsberg unterstand, trug den Vornamen Jobst. Er verkaufte 1618 an den Magdeburger Domherrn Kuno von Lochow, der an seinem Neuerwerb nicht viel Freude hatte, denn kurz darauf brach der Dreißigjährige Krieg aus. Er würde die Mark Brandenburg vielfach heimsuchen. Sämtliche Heere der verfeindeten Parteien durchzogen das Ruppiner Land, 1634 wurde Rheinsberg niedergebrannt. Einmal flüchtete beim Nahen des Feindes der Geistliche mit dem Rest der Ortsbewohner auf die Insel Remus im Rheinsberger See. Sie wurden dort allesamt niedergemetzelt. 1640 waren in der Grafschaft noch vier Dörfer bewohnt, neunzig lagen in Asche.

1684 starb die Familie von Lochow aus. Kurfürst Friedrich Wilhelm übernahm Rheinsberg und schenkte es einem seiner Generäle, Duhamel, der es gleich wieder veräußerte. Hofrat Benjamin Chevenix de Béville und sein Sohn blieben Besitzer bis 1734, dann verkauften sie für fünfundsiebzigtausend Taler an Soldatenkönig Friedrich Wilhelm, der seinerseits das Schloss seinem

Rechts:
Alte Ansichtspostkarten

Sohn Friedrich vermachte, samt fünfzigtausend Talern für die Hausschatulle. »Ich bedanke Mihr gantz unterthänigst«, schrieb Friedrich, »vohr die Gnade, die mein allergnädigster Vater vohr mir gehabt wegen Guhts Reinsberge zu kaufen!«

Häufige Besitzwechsel von Schlössern und Gütern waren in Preußens Kernland die Regel. Theodor Fontane kann in seinen »Wanderungen durch die Mark Brandenburg« bei fast jedem Herrensitz eine lange Liste unentwegt wechselnder Voreigentümerfamilien aufzählen. Was Rheinsberg anlangt, so sei das Schloss »in alten Tagen ein gotischer Bau mit Turm und Giebeldach« gewesen, sagt er dann. »Erst zu Anfang des vorigen Jahrhunderts trat ein Schlossbau in französischem Geschmack an die Stelle der alten Gotik (...).« Gemeint ist die unter den Bredows errichtete Renaissance-Architektur von 1566. Der Krieg selbst brachte ihr erhebliche Zerstörungen, gleichwohl blieb sie erhalten, bis die Hohenzollern den Besitz übernahmen.

Friderizianisches

Bei der Umgebung lasse man sich, sagt Fontane, »durch die Sandwüste nicht beirren, die, zunächst wenigstens, hügelig und dünenartig« daliege. Nur dann und wann werde »ein Dorf sichtbar, dessen ärmliche Strohdächer von einem spitzen Schindelturm überragt werden. Mitunter fehlt auch dieser.« Die Gegend sei unter anderem von immigrierten Franzosen besiedelt worden, zu denen, was er nicht erwähnt, die eigene Familie zählte.

Noch älter sind die Zeugnisse germanischen und westslawischen Ursprungs, die sich etwa auf der Insel Remus finden. Der Name Rheinsberg selbst geht wahrscheinlich auf Kolonisten zurück, die im Hochmittelalter, zur Zeit der Ostkolonisation, aus Gebieten des Niederrheins, aus Seeland, Holland und Friesland, in das Gebiet zwischen Havel und Rhin kamen. Der Flurname Remus ließ Mitglieder der fürstlichen Gesellschaft um Fridericus

Adolph von Menzel: Deckenausmalung in Schloss Rheinsberg. Gemäldeausschnitt

Rex, dem von ihr gepflegten Antike-Kult gehorchend, darüber spekulieren, ob sich hier womöglich die Grabstätte eines der legendären Mitbegründers Roms befinde, des Bruders von Romulus. Friedrich selbst sprach immer nur von seinem »Schloss Remusberg«.

Er ließ den Bau erweitern. Die Arbeiten unterstanden dem Baumeister Johann Gottfried Kemmeter und, vor allem, dessen Schüler Georg Wenzeslaus von Knobelsdorff. Die Kronprinzenfamilie logierte zunächst im Südflügel. Die Arbeiten zogen sich hin bis zum Jahre 1740, als Friedrich, König geworden, Rheinsberg verließ.

Der Aufenthalt des Kronprinzen hatte angenehme Folgen für das Städtchen Rheinsberg: »Die Straßen wurden gepflastert«, steht in einem Bericht, »die Häuser mit Ziegeln gedeckt, und der König selbst bewilligte hierzu bedeutende Summen. Da auch die städtischen Abgaben gemindert und Fabrikanten herbeigezogen wurden, so gewann die Stadt wie in ihrer äußeren Erscheinung so durch Zuzug von Bürgern, denen durch die kronprinzlichen Bauten und Anlagen neue Nahrungsquellen eröffnet wurden.«

Die Umbauten von Kemmeter und Kobelsdorff brachten dem zuvor eingeschossigen Schloss ein oberes Stockwerk. Der Ostflügel wurde um fünfundzwanzig Meter erweitert. Jakob Bielefeld, Sohn eines Hamburger Kaufmanns, weilte im Herbst 1739 als Gast in Rheinsberg und hat seine Eindrücke notiert:

»Ein großer See umspült die Mauern des schön gelegenen Schlosses. Jenseits dieses Sees zieht sich amphitheatralisch ein schöner Wald von Eichen und Buchen hin. (...) Das Hauptgebäude wurde durch Bogenfenster, Statuen und allerhand Verzierungen verschönert. Das Innere des Schlosses ist höchst prächtig und geschmackvoll. Überall sieht man vergoldete Bildhauerarbeiten, doch ohne Überladung, vereint mit richtigem Urteil. Der Prinz liebt bloß bescheidene Farben, deshalb sind Möbel und Vorhän-

ge hellviolett, himmelblau, hellgrün und fleischfarben, mit Silber eingefasst. Überall sind Baumgruppen, Lauben und schattige Sitze. Zwei Lustschiffe, die der Prinz erbauen ließ, schwimmen auf dem See und bringen den Wanderer, welcher die Wasserfahrt liebt, an das Waldufer. Alle, die auf dem Schlosse wohnen, genießen die ungezwungenste Freiheit.«

Heinrich und die Folgen

1744 überließ Friedrich, der König, das Schloss Rheinsberg seinem jüngeren Bruder, der weitere Umbauten vornahm. Architekten waren Georg Friedrich von Boumann und Carl Gotthard Langhans.

F. C. Ast: Schlossansicht vom Seeufer. Kupferstich. Um 1740

Letzterer, 1732 in Schlesien geboren, war eines der Genies des preußischen Klassizismus: jener Epoche, die für die Kultur und die Künste Berlins zu besonders glücklichen Jahren wurden. Langhans war weit gereist. Wichtige Eindrücke und Erfahrungen brachte er aus Italien, Frankreich und England mit. Ab 1786 hat er als Direktor das preußische Oberhofbauamt geleitet, seine wichtigsten Aufträge waren die Erweiterungsbauten am Charlottenburger Schloss und, vor allem, das Brandenburger Tor in Berlin.

1786 war auch das Jahr, in dem die letzten von Prinz Heinrich veranlassten Arbeiten in Rheinsberg in Angriff genommen wurden. Dazu gehörte seine Grabstätte. Sie entstand 1802, kurz vor Heinrichs Tod. Nächster Schlossbesitzer war Prinz Ferdinand, ein anderer Bruder Friedrichs. Als der 1813 verstarb, wurde Eigner dessen Sohn August, der sich samt familiärem Anhang gerne in Rheinsberg aufhielt. Da er zwei bürgerliche Verbindungen eingegangen war, fiel nach seinem Tod im Jahr 1843 Rheinsberg nicht an eines seiner elf Kinder, es fiel zurück an die Krone.

Mehrfach, zuletzt 1862, hat Theodor Fontane das Schloss besichtigt. Es bestehe »aus einem Mittelstück (corps de logis)«, schreibt er, »und zwei durch eine Kolonnade verbundenen Seitenflügeln. In Front der See. Mehr eine Eigentümlichkeit als eine Schönheit bilden ein paar abgestumpfte Rundtürme, die sich an die Giebel der Seitenflügel anlehnen (…).«

Dann berichtet er, wie es seine Art ist, sehr ausführlich von den einzelnen Räumen. Er zählt Bilder und Statuen auf. Er beschreibt die Möbel. Er beschreibt Grundrisse und innenarchitektonische Besonderheiten. »Die kleinen Bettstellen von Birkenmaserholz, die roten Steppdecken von allersimpelstem Kattun, die Waschtoiletten mit dem Klappdeckel und die beinah faltenlosen Zitzgardinen, als habe das Zeug nicht ganz gereicht, alles hat den schlichtbürgerlichsten Charakter von der Welt, und das

A. W. Streikfuß: Ehemaliges Schreibzimmer des Kronprinzen in Schloss Rheinsberg. Aquarell. 19. Jahrhundert

eitle Herz freut sich der Wahrnehmung, dass man in Schlössern schläft wie anderswo.«

Den Eindruck des fortschreitenden Verfalls bezeugt Prinz Heinrichs Schreibtisch:

»Seine Schreibplatte liegt schräg und kann aufgeklappt werden. Sie war ehedem mit rotem Samt überzogen, hat aber nicht nur die Farbe, sondern auch den ganzen Samtstoff längst verloren. Der Samt wird bekanntlich auf eine Unterschicht von festem Zeug aufgetragen. Diese Unterschicht war 1853, als ich Rheinsberg zum ersten Male besuchte, noch ziemlich intakt vorhanden. Seitdem aber haben sich die Dinge sehr zum Schlimmeren verändert. Nicht die Hälfte mehr existiert von diesem Unterzeug, und man kann deutlich sehen, wie die Federmesser, je nach der Charakteranlage der Besucher, mal größere, mal kleinere Karos herausgeschnitten haben. Ich liebe nicht die Kastellane, die einen durch ihren Diensteifer um die Möglichkeit eines ruhigen Genusses bringen, aber ebenso wenig mag ich jenen das Wort reden, die voll missverstandener Nachsicht ein Auge da zudrücken, wo sie's aufmachen sollten.«

Der Hamburger Jakob Bielefeld hatte 1739 die florale Umgebung als amphitheatralisch gelegenen, schönen Wald erlebt. Seit Friedrich gehörte zum Schloss noch ein gestalteter Garten. Fontane:

»Er umzieht in weitem Halbkreise die linke Hälfte des Sees und geht am jenseitigen Ufer unmittelbar in die schönen Laubholzpartien des Boberow-Waldes über. Der Park ist eine glückliche Mischung von französischem und englischem Geschmack, zum Teil planvoll und absichtlich dadurch, dass man die Le Nôtreschen Anlagen durch Partien im entgegengesetzten Geschmack erweiterte, zum Teil aber planlos und unabsichtlich dadurch, dass sich das zwang- und kunstvoll Gemachte wieder in die Natur hineinwuchs. (…) Man passiert, abwechselnd dicht am

Muschelsaal.
18. Jahrhundert. Fotografie.
1945

See hin und mal wieder sich von ihm entfernend, die herkömmlichen Schaustücke solcher Parkanlage: Säulentempel, künstliche Ruinen, bemooste Steinbänke, Statuen (darunter einige von großer Schönheit), und gelangt endlich bis an den sogenannten Freundschaftstempel, der bereits am jenseitigen Ufer des Sees, im Boberow-Walde, gelegen ist. In diesem *Freundschaftstempel* pflegte der Prinz zu speisen, wenn das Wetter eine Fahrt über den See zuließ.«

Nach Fontanes Besuchen ging die Stagnation weiter. Der Engländer Andrew Hamilton, der, angeregt durch Fontane, sich 1872 in Rheinsberg aufhielt, erkannte:

»Jetzt ist das Schloss tatsächlich leer. (…) Von Zeit zu Zeit pflegt ein Beamter des zuständigen Ressorts von Berlin oder Potsdam herzukommen, um nach dem Rechten zu sehen – wohl auch, wie ich vermute, um Gelder einzuziehen (…).« Kurt Tucholsky, der im Sommer 1911 mit einer Freundin Rheinsberg besuchte, ließ sich gleichfalls von einem Kastellan führen. Die Sache hinterließ »keine größere Wirkung«.

1945 wurde das Anwesen von Angehörigen der sowjetischen Armee besetzt und genutzt. Anschließend gelangte es in die Kontrolle des ostdeutschen Staates. Denkmalpfleger im Land drängten auf Konservierung und museale Nutzung, die Administration des kunstbanausischen Diktators Walter Ulbricht lehnte das ab. Schloss Rheinsberg wurde zu einer Klinik für werktätige Diabetiker. Dafür mussten Umbauten vorgenommen werden. Ulbrichts Nachfolger Honecker verfuhr mit der preußisch-brandenburgischen Hinterlassenschaft etwas pfleglicher, und so begannen 1985, noch bei laufendem Klinikbetrieb, die ersten Restaurierungsarbeiten. Mit der deutschen Wiedervereinigung wurden sie nachdrücklich fortgesetzt.

Heute sind sie weitgehend abgeschlossen. Rheinsberg gehört, als eines von dreißig Objekten und eines von achtzehn Schlössern, zur Stiftung Preußische Schlösser und Gärten Berlin-Brandenburg. Einundsechzig Räume sind zugänglich und wurden, so gut es ging, in den Zustand versetzt, den sie beim Tod des Prinzen Heinrich hatten; das originale Inventar ist nachlesbar dokumentiert. Seit 1991 finden im Sommer Opernfestspiele statt, die das Schloss und den Park als Spielstätten nutzen. Im Erdgeschoss des Nordflügels befindet sich eine Gedenkstätte für Kurt Tucholsky.

Die Stadt Rheinsberg, mittlerweile eine Fünfeinhalbtausend-Seelen-Kommune, hält ihrerseits auf das vom Schlosse ausgehende kulturelle Flair und nennt sich »Kulturhauptstadt im Norden Brandenburgs«. Es gibt eine Reederei, die Schiffsrundfahrten anbietet. In der Stadt werden Keramiken produziert, für die auch ein Museum existiert.

1915 wurde in Rheinsberg dem berühmten jüdischen Schauspieler Alexander Granach ein Sohn geboren, Gerhard. In Israel wechselte dieser seinen Vorname zu Gad, und Gad wurde (darin dem Vater ähnlich) ein Autor. Sein Werk ist entschieden schmaler als das Tucholskys, er ist auch nicht annähernd so berühmt, doch es ist ebenso witzig.

C. Frommel: Blick auf Obelisk und Schloss. Stahlstich. Um 1830

Jugendjahre eines Königs

Martyrien

»Täglich bekomme ich Schläge, werde behandelt wie ein Sklave und habe nicht die mindeste Erholung. Man verbietet mir das Lesen, die Musik, die Wissenschaften, ich darf fast mit niemand mehr sprechen, bin von lauter Aufpassern umgeben. Was mich endlich ganz überwältigt hat, ist der letzte Auftritt, den ich in Potsdam mit dem König hatte. Er lässt mich des Morgens rufen; sowie ich eintrete, fasst er mich bei den Haaren, wirft mich zu Boden, und nachdem er seine starken Fäuste auf meiner Brust und meinen ganzen Leibe erprobt hatte, schleppte er mich an das Fenster und legte mir den Vorhangstrang um den Hals. Glücklicherweise hatte ich Zeit gehabt, mich aufzuraffen und seine beiden Hände zu fassen; da er aber den Vorhangstrang mit allen Kräften zuzog und ich mich erdrosselt fühlte, rief ich endlich um Hilfe. Ein Kammerdiener eilte herbei und befreite mich mit Gewalt aus den königlichen Händen.«

Eine Szene zwischen Vater und Sohn. Der Vater heißt Friedrich Wilhelm und ist König in Preußen, der Sohn ist Kronprinz und trägt den Namen Friedrich. Überliefert hat die Erinnerung an das Erziehungsritual Wilhelmine, Friedrichs ältere Schwester.

Nun war Pädagogik zu der Zeit, da dies geschah, noch weit entfernt von den Einsichten Jean-Jacques Rousseaus und Johann Heinrich Pestalozzis. Kinder galten als kleine Erwachsene. Doch selbst für einen Erwachsenen wäre die hier beschriebene Behandlung eine Schinderei gewesen, mit den Folgen eines schweren seelischen Schadens. Bei dem jungen Friedrich, der damals etwa zehn Jahre zählte, führten sie zu lebenslanger Deformation.

Er war eines von vierzehn Kindern des Königs Friedrich Wilhelm aus dem Hause Hohenzollern und seiner Ehefrau Sophie Dorothea aus dem Hause Hannover. Von den Söhnen war er der

Adolph von Menzel: Kronprinz Friedrich in Mädchenkleid, mit Erzieher. Zeichnung. 1840

Adolph von Menzel: Kronprinz Friedrich mit Schwester. Zeichnung. 1840

dritte, die beiden älteren Brüder hatten das Säuglingsalter nicht überlebt. Der junge Fritz war von schwächlicher Konstitution, die der Vater durch harte körperliche Ertüchtigung auszugleichen gedachte. Die von der gebildeten Mutter ererbten und auch geförderten Interessen für Musik und Kunst sollten dem Thronfolger gründlich ausgetrieben werden.

Abstrafungen wie die von Wilhelmine überlieferte fanden vor höfischem Publikum statt. Berichte darüber bedienten den Klatsch im Land und an auswärtigen Höfen. Der Kronprinz fühlte den nachvollziehbaren Wunsch, dem terroristischen Regiment seines Vaters zu entkommen, und als er sich, inzwischen achtzehn Jahre alt, zusammen mit seinem Vater auf Besuch bei befreundeten Fürstenhöfen im Rheinland befand, unternahm er einen Fluchtversuch. Die Sache wurde rechtzeitig entdeckt. Der Kronprinz wurde festgenommen und ebenso der Leutnant Hans Hermann von Katte, Friedrichs enger Freund, der bei den Fluchtvorbereitungen involviert gewesen war.

Der König sah in alledem eine versuchte Fahnenflucht. Auf militärische Desertion stand in Preußen die Todesstrafe, weshalb er zunächst beide, den Prinzen und Katte, hinrichten lassen wollte. Seine Umgebung bestimmte ihn, das Urteil gegen Friedrich zu mildern. An Katte wurde die Hinrichtung vollzogen. Friedrich musste ihr beiwohnen: Aus einem Fenster der Festung Küstrin an der Oder hatte er zuzusehen, wie sein Freund starb. Nach einigen Berichten soll er sich schon vor der Exekution in eine gnädige Ohnmacht geflüchtet haben.

In Küstrin, der Festung, verbüßte er dann auch seine eigene Strafe. Hier war er den Misshandlungen des Vaters entzogen, doch die Umstände der Gefangenschaft waren kaum erträglicher. Ein beamteter Aufseher schrieb dem König, man müsse ernsthaft befürchten, dass der Prinz gemütskrank werde. Da Friedrich sich nunmehr in brieflichen Ergebenheitsadressen an seinen Vater übte, erging schließlich der Befehl, die Haftbedingungen zu mildern. Friedrich durfte jetzt ausreiten, etwa in das nahe gelegene Tamsel, wo er der schönen Frau des Schlossherrn von Wreech erfolglos den Hof machte.

Zur gleichen Zeit verfügte König Friedrich Wilhelm die künftige Ehe seines Sohnes. Als Frau war eine Prinzessin aus dem Hause Braunschweig-Wolfenbüttel-Bevern ausersehen, »nicht hässlich, auch nicht schön«, wie Friedrich Wilhelm urteilte, »ein gottesfürchtiger Mensch, und das ist alles«.

Nach nicht ganz zwei Jahren wurde Friedrich aus der Festungshaft entlassen. Vater und Sohn hatten sich ausgesöhnt. Friedrich verlobte sich mit seiner künftigen Ehefrau, der König

Antoine Pesne: Elisabeth Christine von Bevern-Wolfenbüttel. Gemälde. Um 1740

Adolph von Menzel: Trauungzeremoniell. Zeichnung. 1840

Richard Knötel: Kronprinz Friedrich in Rheinsberg. Chromotypie. 1895

ernannte ihn zum Regimentschef in der brandenburgischen Garnison Ruppin.

Im Sommer 1733 fand dann die Heirat statt zwischen dem Kronprinzen und seiner Elisabeth Christine, auf Schloss Salzdahlum nahe Wolfenbüttel. Zu den Feierlichkeiten gehörte Musikalisches, wie der Bräutigam es schätzte, darunter war eine Opernuraufführung. Nach vollzogener Trauung schrieb Friedrich seiner Schwester Wilhelmine: »Und Gott gelobt, dass alles vorbei ist.«

Als nunmehr verehelichter Thronfolger hatte er Anspruch auf einen förmlichen Hofstaat. Sein Vater, dem das verschwenderische Regiment des eigenen Vaters ein Gräuel gewesen war und der auf strikte Sparsamkeit hielt, im gesamten Staat wie im eigenen Haus, musste dem Sohn (wir dürfen annehmen: zähneknirschend) die Mittel und die Möglichkeiten geben, ein höfisches Leben nach eigener Vorstellung zu führen. Als Residenz überließ er das nahe dem Standort Ruppin gelegene Schloss Rheinsberg.

Musenhof

Friedrich lebte in Rheinsberg von 1736 bis 1740. Er lebte dort mit seiner jungen Frau Elisabeth Christine, die einen eigenen Schlosstrakt bewohnte, doch von Zeit zu Zeit samt eigenem Gefolge an den geselligen Zusammenkünften ihres Mannes teilnehmen durfte. Dies unterschied ihr Leben hier von ihrem späteren in Berlin, wo sie Schloss Niederschönhausen bewohnte, während ihr Mann, wenn er nicht gerade Krieg führte, sich in Potsdam aufhielt und sie kaum mehr sah.

Friedrich konnte in Rheinsberg endlich seinen von der Mutter übernommenen, vom Vater jedoch erbittert bekämpften musischen Neigungen nachgehen. Erzogen von einer aus Frankreich stammenden Gouvernante, sprach er sehr gut französisch, er las in dieser Sprache, außerdem war er musikalisch begabt und betrieb das Querflötenspiel.

Sein Aufenthalt in Rheinsberg wurde zunächst bestimmt durch militärische und administrative Aufgaben. Er besuchte Exerzierplätze. Er hielt sich in Bürostuben auf, um Abläufe und Pflichten der staatlichen Verwaltungsarbeit zu erkunden. Neben alledem widmete er sich den schönen Dingen.

Seine vier Jahre in Rheinsberg wurden, auch seinem eigenen späteren Zeugnis zufolge, die glücklichste Zeit seines Lebens. Er las, schrieb, musizierte und versammelte um sich Gleichgesinnte zu einem »Musenhof«. Wir befinden uns am Beginn des Zeitalters der Empfindsamkeit und der Freundschaftsbünde, die vornehmlich in den Künsten, doch nicht bloß dort, deutliche Spuren hinterließen. Wir befinden uns gleichermaßen im Zeitalter der Aufklärung, die in Frankreich ihren Mittelpunkt hatte und von dort ihren Ausgang nahm, um ganz Europa zu erfassen.

Friedrichs Freundeskreis war ein Männerbund. Den gab es so auch anderswo, doch im Falle Rheinsberg hatte er eine erkennbar homoerotische Grundierung. Friedrichs Neigung galt dem eigenen Geschlecht. Auch seine Freundschaft mit Katte war eine homosexuelle Verbindung gewesen. Die arme Kronprinzessin Elisabeth Christine würde sich ihr Leben lang damit quälen müssen und kinderlos bleiben.

Adolph von Menzel: Friedrich und Katte. Zeichnung. 1840

Zum Rheinsberger Freundeskreis gehörte zunächst Charles Étienne Jordan, ein Bürgerlicher. Er kam aus der französischen Kolonie in Berlin. Er war weitgereist und hochgebildet, Friedrich beschäftigte ihn offiziell als seinen Sekretär, als »Kopist und Kritiker in einer Person«; die beiden, ungewöhnlich für höfische Verhältnisse, duzten einander. Jordan beriet den Kronprinzen in allen literarischen Dingen.

Zu dem Kreis gehörte weiterhin Oberst Dietrich von Keyserling. Seine offizielle Funktion war die des Stallmeisters, wichtiger war er als Gesprächspartner, Plauderer, Komponist und eleganter Tänzer. Er stammte aus jener baltischen Adelsfamilie, die das deutsche Geistesleben außerdem mit einem Naturforscher, einem Philosophen und einem Schriftsteller beliefert hat, neben allerlei Generälen, Politikern und Lebenskünstlern.

Zu Friedrichs Rheinsberger Kreis stieß der Hauptmann Heinrich August de la Motte Fouqué. Er kam aus einer normannischen Hugenottenfamilie, die ein Halbjahrhundert zuvor immigriert war; de la Motte Fouqué wurde später einer von Friedrichs Generälen und noch später Domprobst in Brandenburg. Der romantische Dichter Friedrich de la Motte Fouqué, Erfinder der Geschichte vom Wassermädchen Undine, ist sein Enkel gewesen.

Das Mitglied des Freundeskreises Ulrich Friedrich von Suhm stammte aus Kursachsen und war ein ehemaliger Diplomat. Er unterrichtete Friedrich in Sachen Philosophie und hing dem Aufklärer Christian Wolff an, den Friedrichs Vater, der König, 1723 aus der Universität Halle verjagt hatte. Suhm übersetzte, eigens für Friedrich, Wolffs Schriften ins Französische.

Als weiterer ständiger Gast weilte auf Schloss Rheinsberg Antoine Pesne. Der 1683 in Paris geborene Künstler gehörte zu einer angesehenen Malerfamilie und kam unter Friedrichs Großvater, dem ersten Preußenkönig, nach Berlin. Er wurde Hofmaler. Er hat die gesamte preußische Herrscherfamilie porträtiert, meist mehrfach, auch Bildnisse anderer Teilnehmer des Rheinsberger Kreises stammen von ihm. Außerdem hat er für das Schloss Deckenfresken mythologischen Inhalts ausgeführt, und er half Friedrich, der ein Verehrer des französischen Malers Antoine Watteau war, beim Aufbau einer Gemäldesammlung.

Die Freunde gründeten einen Orden. Sie gaben sich antike Namen. Fouqué und Keyserling arrangierten Theaterspiele, Tragödien wie Komödien, auch Friedrich trat darin auf, etwa in »Mithridat« des Franzosen Jean Baptiste Racine und in »Oedipus« von Voltaire.

Der wurde Friedrichs literarischer Hausgott. 1736 hat der Kronprinz, aus Rheinsberg, dem Dichter erstmals geschrieben und danach ausführlich mit ihm korrespondiert. Als er König war, hat er Voltaire für eine Weile nach Potsdam geholt; später verzankten sich die beiden. Eine Versdichtung Voltaires ist die »Henriade«, ausführlicher Lobpreis des Lebens und der Taten von Franzosenkönig Henri Quatre. Friedrich ließ das Werk mit Kupferstichen illustrieren und wollte diese Fassung drucken lassen. Es kam nicht mehr dazu.

Voltaire, achtzehn Jahre älter als der Kronprinz, war einer der ersten Schriftsteller, die allein von ihren literarischen Einkünften leben konnten und dies recht gut. Er starb als schwerreicher Mann. Er vertrat radikal gesellschaftskritische Ideen und hielt auf soziale Gleichheit, freilich nicht mit letzter Konsequenz: In seinen Schriften geißelte er die Sklaverei und investierte heimlich in ein Geschäftsunternehmen für den Sklavenhandel. Die Sympathie Friedrichs für ihn mag auch darin begründet gewesen sein, dass sie sich in manchem recht ähnlich waren.

Denn Friedrich betätigte sich ebenfalls als Autor, nicht nur von Briefen und Traktaten, er schrieb Verse, er schrieb ein Opernlibretto; seine literarischen Arbeiten füllen in der postum erschienen Gesamtausgabe dreißig Bände. Die meisten seiner

Links:
Antoine Pesne:
Dietrich von Keyserling.
Gemälde. Um 1738

Antoine Pesne:
Selbstbildnis mit Töchtern.
Gemälde. 1754

Rechts:
Adolph von Menzel:
Voltaire.
Zeichnung. 1840

Texte verfasste er auf Französisch. Er liebte diese Sprache und verachtete vieles Deutsche. Aber etliches hat er auch auf Deutsch von sich gegeben, nicht bloß in Briefen und Faszikeln, und seine Ausdruckskraft in der Muttersprache war erheblicher als seine unmögliche Orthografie vermuten lässt.

So reimt er:

»Da füllt Philosophie gar manche Stunde;
Bald fesselt Newton und die Sternenkunde,
Bald Dichtkunst, Malerei uns ganz,
Bald freun wir uns an der Geschichte Themen,
Bald sinnen wir ob den Problemen
Der Größe Roms und Griechenlands.
Drauf, voll von Liebe, Versen und voll Lust
Und von der holden Tollheit ganz bezwungen,
Die Ernst und Herbe scheucht aus jeder Brust,
Sprühn die von edlem Wein gelösten Zungen,
Lebendig zwar, doch Maß und Grenze wahrend,
Ein Feuerwerk, mit Geist und Laune paarend;
An diesem stillen Fleckchen, von Banausen
Und Gecken unbehelligt, sehe ich
Die zarte unverfälschte Freundschaft hausen.«

Dies wurde in Schloss Rheinsberg geschrieben. Es soll die Stimmung und die Inhalte der dort geführten Konversationen wiedergeben.

Sittenlehre

Aufklärung und Empfindsamkeit im 18. Jahrhundert waren Erscheinungen einer sich etablierenden Bürgerlichkeit. Der Rheinsberger Kreis hatte Bürgerliche als Teilhaber und zeigte sich bürgerlich in seinem Verhalten. Eine Organisation zur Beförderung von Bürgerlichkeit waren die Logen der Freimaurer. Während seiner Rheinsberger Zeit, 1738, wurde Kronprinz Friedrich in aller Heimlichkeit, wie sie hierbei üblich war, Mitglied einer Freimaurerloge in Lippe-Bückeburg.

Überhaupt unternahm er, vor allem in Rheinsberg, mancherlei Versuche, sich vom herkömmlichen Stil des Absolutismus zu entfernen, hin zu bürgerlichen Äußerungen. Seine Toleranz in Glaubensdingen, die er lebenslang vertrat, hat er sich hier ebenso zugelegt wie sein Regierungsverständnis, das er gerne in die Formel brachte, er sei *premier serviteur de l'État*, erster Diener des Staates. Die Abschaffung der Folter, die er als Herrscher verfügte, und die Vorbereitung des für jene Zeit ungemein progressiven Allgemeinen Landrechts erfolgten aus eben diesem Geist.

Dergleichen wirkte mit bei dem umfänglichsten und wichtigsten Werk, das er während seiner Rheinsberger Jahre verfasste und das dann Voltaire zum Druck beförderte, dem »Antimachiavell«.

»Machiavells ›Fürst‹ ist für die Moral, was Benedict Spinozas Werk für die Religion ist. Dieser untergrub den Glauben und strebte nach nichts Geringerem als der Zerstörung der Religion;

Adolph von Menzel: Freimaurersymbole. Zeichnung. 1840

Adolph von Menzel: Antimachiavell. Zeichnung. 1840

Machiavell verderbte die Staatskunst und beabsichtigte eine Vernichtung aller Gesetze einer gesunden Sittenlehre«, schreibt er. Und: »Ich habe Machiavells ›Fürst‹ immer als eins der gefährlichsten Bücher der Welt angesehen.«

Die sprachliche Gelenkigkeit, mit welcher der (im Original französische) Text anhebt, ist ebenso eindrucksvoll wie der inhaltliche Rigorismus.

Niccolò Machiavelli, Politiker, Geschichtsschreiber, Philosoph und Dichter, lebte im Florenz der Renaissance. Er hatte ein wechselvolles Schicksal; »Il principe« ist eines seiner Hauptwerke. Es entstand in Anschauung italienischer Herrscher jener Zeit, zu denen der Warlord Cesare Borgia gehörte; es gilt als wahrscheinlich, dass vieles bei Machiavelli auf ihn gemünzt ist.

Beeindruckend (und folgenreich) an seiner Abhandlung ist ihr ungeschminkter Realismus, der ans Zynische grenzt. Machiavelli vertritt die Überzeugung, ein Herrscher sei nicht an überlieferte ethische Normen gebunden. Wörtlich: »Ist es besser, geliebt zu werden als gefürchtet, oder verhält es sich umgekehrt? Die Antwort lautet, dass beides erstrebenswert ist; da man jedoch beides nur schwerlich miteinander verbinden kann, ist es viel sicherer, dass ein Fürst gefürchtet wird, als dass er geliebt wird, wenn er schon nicht beides zugleich erreichen kann.« Also solle ein Fürst sich ausschließlich auf die Macht konzentrieren und bloß jenen Regeln verpflichtet sein, die in der Politik Erfolg versprechen.

In insgesamt sechsundzwanzig Kapiteln, die sich an jene von Machiavelli anlehnen, polemisiert Friedrich gegen jedes Axiom des Florentiners und setzt dagegen die Behauptung einer anderen, einer humanen Herrschaft. »Aber was sind die Fürsten«, fragt er am Ende. »Es sind nur Menschen, und man muss in Wahrheit sagen, dass sie ihrer Natur zufolge nicht alle ihre Pflichten erfüllen können (…). Die Völker müssen billigerweise zufrieden sein, wenn die Fürsten bemüht sind, sich zu vervollkommnen.« Auftrumpfend: »Die vollkommensten sind diejenigen, welche am weitesten von Machiavells Fürsten entfernt sind.« Abschließend: »Das glücklichste Land ist dasjenige, wo gegenseitige Nachsicht des Fürsten und des Volkes über die menschliche Gesellschaft diejenige Anmut verbreitet, ohne welche das Leben eine Last und die Welt statt des Schauplatzes der Freude zu einem Jammertal wird.«

Das alles ist deutlich weniger radikal formuliert als noch der Eingang. Zunächst liest es sich als Beschreibung einer aufgeklärten Fürstenherrschaft, wie sie etwa die Weimarer Klassik vertrat. Vor allem aber liest es sich als das Programm für Friedrichs kommende Königsherrschaft.

Hat er sich daran gehalten? In seinem sechsundzwanzigsten Kapitel, das sich wie jenes von Machiavelli mit Überlegungen zum Krieg befasst, urteilt er:

»Der Krieg ist ein solcher Abgrund des Jammers, sein Ausgang so wenig sicher und seine Folgen sind für ein Land so verheerend, dass Landesherren es sich gar nicht genug überlegen können, ehe sie ihn auf sich nehmen. Ich rede gar nicht von all den Unbill und allen Gewalttaten, die sie an ihren Nachbarn begehen. Ich beschränke mich nur auf das Unheil, das über ihre eigenen Untertanen hereinbricht. (...) Ein Fürst, der einen ungerechten Krieg anfängt, ist grausamer denn ein Tyrann.«

Am 21. Mai 1740 starb Friedrich Wilhelm I. Der sogenannte Soldatenkönig hatte sich zwar eine schlagkräftige Armee zugelegt, doch in seiner siebenundzwanzigjährigen Regierungszeit niemals einen Krieg provoziert. Im Mai 1740 wurde Friedrich II. preußischer König. Im Dezember des gleichen Jahres begann der Autor von »Antimachiavell« mit seinem Einmarsch in Schlesien einen durch Rechtsansprüche kaum gedeckten Eroberungskrieg. Dies und die Waffengänge, die daraus folgten, würden seinen Untertanen nichts als Unheil bringen.

Santi di Tito:
Niccolò Machiavelli.
Gemälde. 16. Jahrhundert

Der Bruder

Konflikte

König Friedrich II. von Preußen und Prinz Heinrich, sein zwölf Jahre jüngerer Bruder, glichen sich in vielem. Beide lebten gerne auf Schloss Rheinsberg. Beide waren hochintelligent und hochbegabt. Beide hatten Sinn und Interesse für die Künste, zumal für die schöne Literatur. Beide waren musikalisch und spielten ein Instrument, beide sprachen und schrieben französisch. Beide hatten militärisch-strategische Begabung und taten sich als Heerführer hervor. Beide waren eitel, arrogant, zynisch, homosexuell und innerlich einsam. Den wichtigsten Unterschied zwischen ihnen lieferte, außer dem Alter, der Umstand, dass Friedrich König war und damit die politische Macht besaß, Heinrich hingegen war bloß »Prinz von Geblüt«.

Über seinesgleichen hat sich König Friedrich in seinem politischen Testament von 1752 geäußert:

»Ihre hohe Abstammung flößt ihnen einen gewissen Hochmut ein, den sie Adel nennen. Er macht ihnen den Gehorsam unerträglich und jede Unterwerfung verhasst. Sind irgendwelche Intrigen, Kabalen und Ränke zu befürchten, von ihnen können sie ausgehen. (…) Das beste Verfahren ihnen gegenüber besteht darin, dass man den ersten, der die Fahne der Unabhängigkeit erhebt, energisch in seine Schranken weist, alle mit der ihrer hohen Herkunft gebührenden Auszeichnung behandelt, sie mit allen äußeren Ehren überhäuft, von den Staatsgeschäften aber fernhält und ihnen nur bei genügender Sicherheit ein militärisches Kommando anvertraut (…).«

Dass dies auch im Hinblick auf den Bruder so formuliert wurde, gilt als sicher.

Friedrich Heinrich Ludwig Prinz von Preußen war der zweitjüngste unter den überlebenden männlichen Nachkommen von

Links:
Adolph von Menzel:
Gesellschaft in Rheinsberg.
Zeichnung. 1840

Rechts:
Johann Heinrich Tischbein:
Prinz Heinrich von
Preußen.
Gemälde. 1769

Preußenkönig Friedrich Wilhelm I. Ähnlich seinem Bruder, dem Kronprinzen, wurde er mit aller in diesem Elternhaus üblichen Härte erzogen, doch da der Vater jetzt schon älter war, fiel sein pädagogisches Regiment nicht mehr ganz so brutal aus wie im Falle Friedrichs. Der kleine Heinrich war ein zartes, einigermaßen hübsches und überaus gescheites Kind. Seine kindlichen Geistesgaben durfte er dem Tabakskollegium des Soldatenkönigs vorführen, zum Entzücken seines Erzeugers.

Er wuchs gemeinsam mit seinen Brüdern August Wilhelm und Ferdinand auf, der erste war älter, der zweite jünger als er. Bei einer hugenottischen Gouvernante erlernte er das Französische, sein Erzieher von Kreyzen führte ihn in die Männerliebe ein. Als er neun Jahre zählte, machte ihn sein Vater zum Domprobst von Magdeburg, als er zwölf war, wurde er Fähnrich im königlichen Grenadierregiment.

Er war vierzehn, als sein Vater starb und sein Bruder Fritz preußischer König wurde. Der Kontakt zwischen den zwei Geschwistern erhielt jetzt eine politische Dimension und blieb immer eng, dabei hochkompliziert. Zunächst musste der junge Heinrich im Schlosse des Königs wohnen, der sich seinerseits ein Vergnügen daraus machte, den Jüngeren zu maßregeln. Das geschah auch schriftlich. Von der Korrespondenz der beiden sind bloß Friedrichs Briefe erhalten, und die haben es in sich:

»Mein lieber Henri, nein, es gibt kein grausameres Martyrium als die Trennung! Wie kann man nur einen Moment ohne den leben, den man liebt? (...) Schon ein Tag ist vergangen, ohne dass ein Seufzer mich erreicht hat! Bestimmt ist er untreu geworden! Er liebt mich nicht mehr! Nein, er liebt mich nicht mehr! Wenn ich den Mut hätte, würde ich dieser reizenden, betrübten Person antworten: Das hast du verdient, du verdammte Hure! Wolltest du nicht meinen armen Bruder mit deinem giftigen Tripper anstecken?«

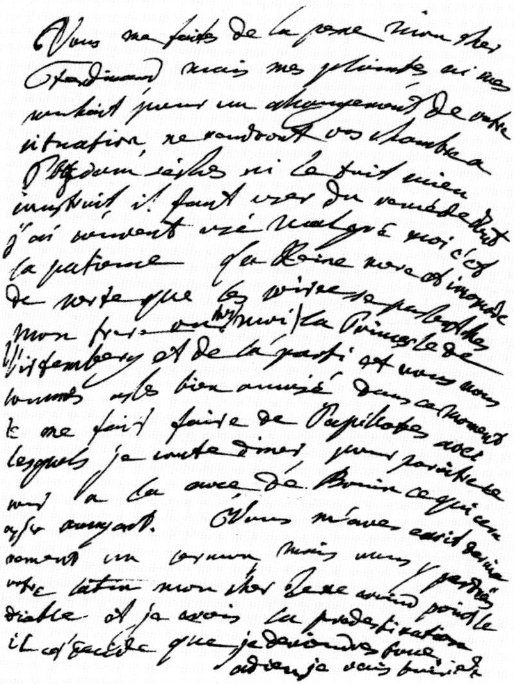

Handschrift Prinz Heinrichs

Beide Brüder hatten sich in denselben hübschen Pagen verliebt, ein Kind aus der märkischen Adelsfamilie von der Marwitz. Heinrich war tief gekränkt. Mit ähnlicher Schärfe zu antworten, verbot sich, da der andere König war, mit allem Anspruch auf gebotenen Respekt selbst von Familienmitgliedern. Was von der Marwitz betrifft, so hat Heinrich dem später hohen Armeeoffizier eines der Medaillons auf dem Obelisken in Rheinsberg gewidmet, mit diesem Zusatz: »Vielleicht wären sein Wert und seine Verdienste vergessen, wenn dieses Denkmal sein Andenken nicht aufbewahrte.« Das klingt, alle Umstände bedacht, auch etwas süffisant.

Die beiden Brüder versöhnten sich dann, entzweiten sich abermals, schlossen wieder Frieden und stritten sich erneut. So blieb es bis zuletzt. Friedrich: »Wir haben uns keinen Vorwurf zu machen. Wir empfinden gegeneinander die gleiche Kälte.«

Bestrebungen

Friedrich begann seine Königsherrschaft mit Kriegen. Heinrich, inzwischen als Oberst Chef eines Füsilierregiments, nahm 1742 teil an der Schlacht bei Chotusitz gegen Österreich. Im Zweiten Schlesischen Krieg Friedrichs brachte er es bis zum Generalmajor, trug eine Verwundung davon und infizierte sich mit den Pocken. Die davon zurückgebliebenen Gesichtsnarben entstellten ihn.

Für die vom König empfangenen Kränkungen rächte er sich später, indem er, unter dem Pseudonym Maréchal Gessler, Friedrichs Außenpolitik und militärische Leistungen einer scharfen Kritik unterzog. Der König erscheint darin als bedenkenloser Haudrauf. Der wusste natürlich, wer sich unter dem falschen Namen verbarg, und er sollte es auch wissen.

Inzwischen hatte sich Heinrich verehelicht. Es war der beste Weg, sich aus der durch den gemeinsamen Wohnsitz gegebenen Nähe zu entfernen und einen eigenen Hofstaat zu gründen. Seine Frau Wilhelmine stammte aus Hessen-Kassel, sie war liebenswürdig und sehr schön, was den Gemahl indes wenig beeindruckte; sie würde ein ähnlich trauriges Schicksal erleiden wie ihre Schwägerin Elisabeth Christine, Friedrichs Frau.

Heinrich nahm auch am Siebenjährigen Krieg seines Bruders teil. »Als General war er stets umsichtiger und vorsichtiger als

Rechts:
Prinz Heinrich.
Stich nach Antoine Pesne.
18. Jahrhundert

Unbekannter Maler:
Wilhelmine von Hessen-Kassel.
Gemälde. 18. Jahrhundert

Friedrich II.«, lautet ein Urteil. »Deshalb waren die Feldzüge des Prinzen eher von defensiver Natur, kosteten dabei aber weit weniger Menschenleben als die offensiven Unternehmungen seines Bruders.« Da Russland vorzeitig als Gegner ausschied, endete der Krieg nicht mit der drohenden Niederlage Friedrichs, sondern mit einem Frieden, der Preußen endgültig in den Besitz der Provinz Schlesien brachte.

Heinrich, nunmehr verheiratet, hatte Anspruch auf die entsprechende Ausstattung. Sein Bruder ließ ihm in Berlin ein eigenes Palais bauen, durch den Architekten Jan Bouman. Das Gebäude entstand an der Straße Unter den Linden; nach Heinrichs Tod fiel es an die Krone zurück, so dass darin Wilhelm von Humboldt die Berliner Universität eröffnen konnte. Als deren Hauptgebäude dient es heute noch.

Heinrich, darin wieder dem Bruder ähnlich, wurde Mitglied einer Freimaurerloge, übrigens mitten im Siebenjährigen Krieg. Seinem Bruder diente er außerdem verschiedentlich als Diplomat, vor allem in Russland. Katharina II. kannte er bereits aus Zeiten, da sie noch Prinzessin von Anhalt-Zerbst gewesen war; nun traf er die »Zarin aller Reußen«, und die beiden verstanden sich prächtig. Die für ihren sexuellen Appetit bekannte Herrscherin war auch eine äußerst gebildete und geistvolle Person. Den Prinzen Heinrich empfing sie daher als einen willkommenen Gesprächspartner. Er handelte mit ihr erfolgreich die Erste Teilung Polens aus.

Auf Drängen der Zarin sollte er Herrscher über ein noch zu gründendes Königreich Walachei werden, was Friedrich verhinderte. Heinrich besuchte Schweden, wo seine Schwester Ulrike Königin war. Er traf sich mit dem österreichischen Kaiser Josef II. Er war sogar im Gespräch für die Statthalterschaft in Englands amerikanischen Kolonien, doch da setzten die dortigen Unabhängigkeitsbestrebungen ein.

König Friedrich und sein Hof.
Schattenrisse.
18. Jahrhundert

Ein Land, das er immer besuchen wollte, da es Ziel seiner kulturellen Sehnsüchte wurde, war Frankreich. Lange verhinderten politische Konstellationen und die Einsprüche des Königs eine Reise dorthin. 1784 fand sie dann statt. Heinrich erlebte Versailles, er besuchte Theateraufführungen des populären Beaumarchais, die ihn entzückten. Er reiste nochmals nach Paris zu Beginn des Revolutionsjahres 1789.

Da war König Friedrich schon tot. Der Nachfolger Friedrich Wilhelm II., Heinrichs Neffe, war als junger Mensch häufig ein dankbarer, lernwilliger Besucher seines Onkels gewesen, so dass dieser meinte, nunmehr könne er auf die Krone jenen politischen Einfluss ausüben, den ihm der Bruder immer verweigert hatte. Es kam nicht dazu. Der neue König geriet unter die Einflüsse einer mystischen Sekte, der Rosenkreuzer, und wurde für andere Interventionen weitgehend unzugänglich. Der dicke Monarch mit den vielen Mätressen regierte elf Jahre. Auch dessen Sohn, Friedrich Wilhelm III., versuchte Prinz Heinrich politisch zu beeinflussen und abermals ohne Erfolg.

Als in Frankreich die Revolution gesiegt hatte, ergoss sich in die angrenzenden Staaten ein Heer von aristokratischen Flüchtlingen. Einige fanden bei Heinrich ihr zeitweiliges Unterkommen. Der Prinz war politisch wach genug zu sehen, dass die Zustände in dem von ihm vergötterten Nachbarland unumkehrbar waren. Er riet zu Zurückhaltung bei Interventionen. Er empfing sogar Louis Bonaparte, den Bruder Napoleons.

Sein Leben hindurch schrieb er Memoranden, Exposés und Briefe mit Ratschlägen, von denen manche beherzigt wurden, die meisten nicht. Immerfort suchte er für seinen Ehrgeiz eine angemessene Betätigung, die er allenfalls vorübergehend fand. Zu Recht meinte er, dass er seinem Bruder Friedrich ebenbürtig sei, dem aber aller Ruhm und alle Beachtung zufielen. »Es ist mein Schicksal«, sagte er, »keine Anerkennung zu finden, wie es das

Schicksal Friedrichs ist, gelobt zu werden, selbst für Dinge, die er nicht getan hat.« Heinrich war und blieb der »Prinz von Geblüt.«

Leidenschaften

Abwechslung fand er in seinen Amouren. Er hatte deren zahlreiche. Manche Favoriten machte er zu seinen Adjutanten, mit manchen blieb er hernach lebenslang in Kontakt. Bei einigen erlebte er bittere Enttäuschungen, die schlimmste mit Christian Ludwig von Kaphengst.

Dem, einem Kerl von »Habsucht, Wüstheit und Eitelkeit« (Fontane), war er völlig verfallen, zum heftigen Kopfschütteln seiner Umgebung. Kaphengst hatte, als Heinrichs Adjutant, Zugriff auf dessen Schatulle, was er bedenkenlos ausnutzte. Heinrich schenkte ihm das Rheinsberg benachbarte Schloss Meseberg und weitere drei Güter. Die Ausgaben für den Günstling erreichten eine derartige Höhe, dass Heinrich Schulden aufnehmen musste. An seiner Ehefrau Wilhelmine knauserte er jetzt ebenso wie an seinem Dienstpersonal. Eines seiner Latifundien musste er veräußern, dazu allerlei Preziosen, darunter neunundzwanzig Stücke seiner Gemäldesammlung, Bilder von Rubens, Teniers und van Dyck. Heute hängen sie in der St. Petersburger Eremitage.

Die Verbindung mit Kaphengst währte viele Jahre. »Wenn man den Charakter beider kennt«, sagte ein Beobachter, »möchte man glauben, sie könnten keinen Monat zusammen leben, und trotzdem ist jener von den fünfzig Günstlingen, die der Prinz, soweit ich sie kenne, gehabt hat, der einzige, der einen wirklichen Einfluss auf ihn ausübt, der das Unmögliche aus ihm herausgeschlagen hat und der ihn despotisch beherrscht.«

Gründe für eine solche *Amour fou*? Wir kennen sie nicht. Vielleicht war es Angst, vielleicht Schwäche, vielleicht sexuelle Hörigkeit, vielleicht Erpressung oder alles miteinander. Fontane sagt es so: »Vielleicht war es nichts weiter als Zynismus, der so

Anton Graff Christian Ludwig von Kaphengst. Gemälde. 18. Jahrhundert

leicht einen Reiz auf *die*jenigen ausübt, deren Beruf und Neigung im allgemeinen auf das geistig Verfeinerte geht. Es ist der Zauber des Kontrastes, ein Sichschadloshalten für anderweit empfundenen Zwang.«

Der Prinz war ein Hypochonder, und vermutlich wusste er auch, wie er auf andere wirkte. »Er ist von Person unscheinbar und ohne alle äußerliche Anmut«, schreibt der Brite William Wraxall. »Von Natur kalt und von schweigsamem Wesen, kann er nichtsdestoweniger gelegentlich durch die Lebendigkeit seines Gesprächs einen gewinnenden Eindruck machen.«

Das wichtigste Objekt seiner Neigungen und Aktivitäten blieb Rheinsberg. Was er da schuf und hinterließ, ist mindestens so erheblich wie die Leistungen Friedrichs, wahrscheinlich erheblicher. Immerhin hat er mehr als vierzig Jahre in dem Schlosse zugebracht, sein Bruder hingegen bloß vier.

Er ließ die Arbeiten am Park fortsetzen. Die oft nur in Ansätzen vorhandene französische Anlage wurde ergänzt und erweitert. Rondells und Tempel entstanden. Statuen wurden aufgestellt, Brücken erneuert, Chinoiserien hielten Einzug. Das Heckentheater entstand. Zwischen Park und Boberower Wald gab es ein ausgedehntes Sumpfgelände, Heinrich ließ es trockenlegen, womit ein Übergang in den englischen Landschaftsabschnitt entstand.

Das Schloss wurde durch die beiden stadtseitigen Eckpavillons ergänzt. Das Innere erfuhr zahlreiche Erneuerungen: Wände wurden entfernt, anderswo neue gezogen. Von den friderizianischen Räumen blieben nur wenige unverändert. Platz für die Schwester Amalie entstand und für die Ehefrau Wilhelmine samt Gefolge. Im Erdgeschoss gab es statt der zunächst vorhandenen neunundzwanzig Zimmer nunmehr deren sechsunddreißig, für die Unterbringung von Gästen.

Die Domestiken zogen um in ein neues Gebäude am Rheinsberger Marktplatz. Ihre alte Unterkunft wandelte sich zum Ka-

Adolph von Menzel: Prinz Heinrich im Alter. Zeichnung. 19. Jahrhundert

valierhaus und erhielt als Anbau ein Theater. Der Marstall erfuhr eine Erweiterung. Treibhäuser wurden angelegt, dazu Obst- und Gemüsegärten, Heinrich hielt auf frische Früchte. Diese sämtlichen Arbeiten kamen vergleichsweise langsam voran, aus Geldmangel; dessen ungeachtet wollte Heinrich auf Geselligkeit und künstlerisches Tun von Anfang an nicht verzichten.

Er engagierte Musiker und Schauspieler. Da die Mittel knapp blieben, besorgte er sich Dienstpersonal, das auch künstlerisch eingesetzt werden konnte. Bei Sprechtheateraufführungen tat er selber mit, und es waren durchweg französische Stücke, die er spielen ließ, Racine, Beaumarchais, Voltaire zum Beispiel. Der Autor des »Candide« blieb einer seiner Vorzugsautoren, worin er sich nicht anders verhielt als der Bruder Friedrich, und ebenso wie dieser besaß er überhaupt keinen Sinn für deutsche Dichter und deutschsprachige Literatur.

Architekturabschluss im Park. Zeitgenössischer Stich

Park Rheinsberg. Malesherbes-Säule

Musiziert wurde fleißig, nicht anders als bei Friedrich. Es gab Musiktheater, und Heinrich, darin abermals Bruder des Königs, verfasste Opernlibretti. Am Ende fanden pro Monat wenigstens neun Musik- und Sprechtheaterproduktionen statt. Da sich zum Ausgang des Jahrhunderts an den Bühnen Berlins mehr und mehr das deutsche Repertoire durchgesetzt hatte, mussten Freunde des französischen Theaters nach Rheinsberg ausweichen, was auch reichlich geschah. Heinrich legte Wert auf ausgefeilte Inszenierungen. Sein Bruder Ferdinand half ihm gelegentlich mit Stoffen für Kostüme und Dekorationen.

Sein letzter Favorit, die Liebe seines Alters, wurde ein junger französischer Revolutionsflüchtling, Antoine de La Roche Aymon. Die beiden wechselten viele Briefe. Heinrich wurde mit zunehmendem Alter, darf man den existierenden Bildnissen glauben, seinem Bruder Fritz physiognomisch immer ähnlicher.

Eingangs des neuen Jahrhunderts erlitt er erstmals einen Schlaganfall. Jetzt machte er sich Gedanken über sein Grabmal, das im Park von Rheinsberg entstehen sollte und entstand, eine steinerne Pyramide, mit abgebrochener Spitze als Symbol für ein unvollendetes Leben.

In seinem Testament schreibt er:

»Ich habe keinen Hass gegen meine Frau, traurige Umstände haben mich gezwungen, getrennt von ihr zu leben. Alle bösen Erinnerungen schiebe ich von mir fort und wünsche ihr alles Gute. Alles, was ihr in unserem Ehekontrakt zugesprochen wurde, bestätige ich hiermit. Mein Silberbesteck kann sie bis zu ihrem Tod behalten.«

Im Frühsommer 1802 empfing er auf Schloss Rheinsberg noch einmal den jüngeren Bruder Ferdinand. Es gab eine Opernaufführung. Es gab Bälle, Festessen, Konzerte, Lustfahrten auf dem See. Nach Ferdinands Abreise ging es ihm zusehends schlechter. Anfang August erlitt er einen weiteren Schlaganfall, der ihm die

Sprechfähigkeit nahm und Lähmungen hinterließ. Arzneien verweigerte er. Im Beisein seines Favoriten La Roche Aymon ist er gestorben.

Drei Tage später trugen Diener den Sarg mit Heinrichs Leichnam in die eben fertiggestellte Gruft.

Nachruhm

In dem Maße, wie Schloss Rheinsberg verwaiste, schwanden die Erinnerungen an den Prinzen Heinrich. Der von Chauvinismus befeuerte Kult, der im 19. Jahrhundert den König Friedrich ereilte, überschattete mehr und mehr die Existenz des Bruders; eher waren es Militärs aus des Königs Umfeld wie Zieten und Seydlitz, die sich im allgemeinen Bewusstsein hielten, und selbst der Diener Fredersdorf und die königlichen Windspiele wurden schließlich prominenter als der Bruder Heinrich.

Das alles änderte sich mit dem Ausgang des Zweiten Weltkriegs. Er brachte das Ende Preußens, und damit fiel auch das nationalistische Fridericus-Bild in Trümmer. Erst allmählich entschlossen sich die Nachkriegsdeutschen (und etliche Ausländer) zu einer Neubewertung des Preußenkönigs. Nunmehr geriet Heinrich wieder ins Blickfeld.

Der Historiker Christian Graf von Krockow wandte sich ihm ebenso ausführlich zu wie die Historikerin Eva Ziebura, die außerdem den Briefwechsel Heinrichs mit La Roche Aymon edierte. Als 1991 Schloss Rheinsberg wieder zu einem allgemein zugänglichen Museum wurde, eröffnete es mit einer großen Prinz-Heinrich-Ausstellung. Sie wurde stark beachtet und bescherte dem Bruder des Königs eine Aufmerksamkeit, die manchem Beobachter fast schon übertrieben vorkam.

Einst war es Theodor Fontanes Wunsch gewesen, diesem »klugen, geistvollen Prinzen« möge endlich Gerechtigkeit widerfahren:

Park Rheinsberg.
Tempel für Verstorbene

»Historische Gestalten teilen nicht selten das Schicksal alter Statuen. Einzelne stehen durch ein Jahrtausend hin immer leuchtend und immer bewundert auf dem Postament ihres Ruhmes; andere werden verschüttet oder in den Fluss geworfen. Aber endlich kommt der Moment ihrer Wiedererstehung, und nun erst – neben den glücklicheren neu aufgerichtet – erwächst der Nachwelt die Möglichkeit des Vergleichs.«
Der Moment scheint gekommen.

Der Bauintendant

Offiziersberuf und Bluthusten

Die Mark Brandenburg, Preußens Kernland, war über lange Perioden ihrer politischen Geschichte ein bettelarmes Territorium. Die wenigen materiellen Reichtümer, über die es gebot, wurden lieber fürs Militär ausgegeben als für zivile Zwecke, anders als etwa im benachbarten Kursachsen. Gleichwohl hat Brandenburg-Preußen eine erstaunliche Anzahl hochpotenter Baumeister hervorgebracht, die sich mit den Dresdnern Pöppelmann, Permoser, Bähr und Semper problemlos messen können. Das beginnt bei Andreas Schlüter und geht weiter über Johann Arnold Nering, Jean de Bodt, Jan Bouman, Eosander von Göthe, Carl von Gontard, Carl Gotthard Langhans und Karl Friedrich Schinkel bis hin zu Friedrich August Stüler und Ludwig Persius. In diese Reihe gehört auch Wenzeslaus von Knobelsdorff.

Er war ein Vorzugsarchitekt von König Friedrich II. Er gehörte zu dessen Freundeskreis, als Friedrich noch Kronprinz war. Er wurde Baumeister überhaupt erst durch Friedrich, der ihn förderte und beauftragte. Zuvor war Knobelsdorff Kunstmaler gewesen, übrigens kein schlechter, und von Hause aus war er Militäroffizier. Erst auf Umwegen stieg er also auf zu dem, was in der Kulturgeschichte den reizenden Namen Kavalierarchitekt führt.

Er stammte aus einer ursprünglich in Schlesien beheimateten, später in die brandenburgische Neumark umgesiedelten protestantischen Adelsfamilie. Sein Elternhaus stand in Kossar, gelegen nahe Krossen, am östlichen Oderufer. Sein Vater bewirtschaftete ein Landgut und bewohnte ein unauffälliges Herrenhaus. Wenzeslaus war der älteste von vier Brüdern, er hatte außerdem drei Schwestern. Sein Vater starb früh. Ein Verwandter übernahm die Vormundschaft und bestimmte die berufliche Zukunft des Jungen.

Links:
Grabmal für Prinz Heinrich

Antoine Pesne:
Georg Wenzeslaus von Knobelsdorff.
Gemälde. 1739

Sie begann damit, dass er als Fünfzehnjähriger in ein Infanterieregiment eintrat, im Range eines Gefreitenkorporals, Standort war die Festung Küstrin.

Das Militär in Brandenburg-Preußens wurde seit Zeiten des Soldatenkönigs Friedrich Wilhelm ausschließlich von Angehörigen des märkischen Adels kommandiert. Die Offizierslaufbahn gehörte zum natürlichen Lebensplan für die nachgeborenen Söhne aus Adelsfamilien, während der Älteste üblicherweise die Erbfolge antrat. Irgendwie setzte sich hierin jene Praxis fort, die während des Hochmittelalters nachgeborene Blaublüter in die bestehenden Ritterorden entsandte.

In Zeiten des Spätfeudalismus bedrohten mächtige Adelshöfe die absolutistische Zentralherrschaft immer wieder mit ihren separatistischen Ehrgeizen. Ludwig XIV. von Frankreich begegnete solcher Gefahr, indem er seine Aristokraten als verwöhnte Höflinge in seine unmittelbare Umgebung zog. Brandenburg-Preußen machte sie zu Leutnants, Hauptleuten und Generälen.

Der junge Knobelsdorff wurde nach Mecklenburg und Vorpommern versetzt. Eine Weile diente er unter jenem anhaltinischen Militär, der als alter Dessauer eine gewisse Popularität erlangte, und soll sich als Soldat auch hervorgetan haben. Doch der Dienst ruinierte seine Gesundheit: Er zog sich den »Bluthusten« zu, die offene Lungentuberkulose. Gleichwohl diente er weiter, insgesamt anderthalb Jahrzehnte, und brachte es bis zum Infanterie-Hauptmann. Dann zwang ihn sein Gesundheitszustand, um seinen Abschied einzukommen.

Bereits während seiner Militärzeit hatte er, um der Ödnis des Garnisonslebens zu entgehen, das Zeichnen und Malen begonnen. Mit den Jahren brachte er es darin zu einiger Fertigkeit. Preußenkönig Friedrich Wilhelm I., dem an einer soldatischen Herkunft bei den Erziehern des Kronprinzen gelegen war, beauftragte den Ex-Offizier Knobelsdorff, die Kunstausbildung des

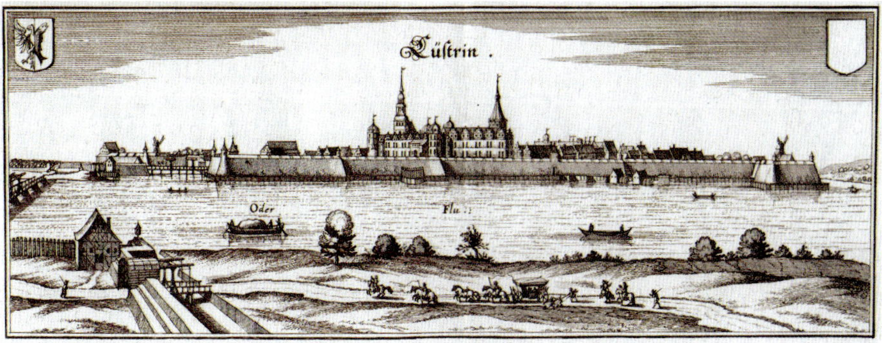

jungen Friedrich zu übernehmen. Auf solche Weise fanden der künftige Souverän und sein künftiger Architekt zueinander.

Der Kronprinz sorgte dafür, dass Knobelsdorff Kontakt zu Antoine Pesne erhielt. Der Hofmaler nahm sich des künstlerisch begabten Adligen an, der zuvor schon Studien bei Friedrich Wilhelm Weidemann absolviert hatte, einem anderen Hofmaler, Leiter der Berliner Malakademie. Zu Pesne wurde die Beziehung intensiv und bestand lebenslang.

Pesne hatte aus seiner Heimat die Tradition der dortigen Barockmalerei mitgebracht und weitergereicht: die galant-festlichen Szenerien Watteaus, die idyllischen Landschaften Lorrains. Kronprinz Friedrich fand an solchen Bildern viel Geschmack. Es macht keinerlei Mühe, in Gemälden und Zeichnungen Knobelsdorffs den Stil der barocken Franzosen wiederzufinden. Von Pesne erlernte er außerdem die Kunst des Porträtierens und brachte es darin zu beträchtlicher Fertigkeit.

Als Friedrich nach dem Ende seiner Küstriner Haft in Neuruppin lebte, folgte ihm Knobelsdorff dorthin. Der Freundeskreis um den Kronprinzen versorgte ihn mit allerlei kulturgeschichtli-

Matthaeus Merian:
Küstrin.
Stich. 1652

Georg Wenzeslaus von Knobelsdorff: Architekturskizze von seiner Italienreise 1736–37. Zeichnung

chem Wissen. Auch erste Berührungen mit dem Baumeisterfach fanden jetzt statt, durch den Architekten Johann Gottfried Kemmeter, der seinerseits ein Schüler Jean de Bodts war.

Zu jener Zeit gab es, außer in Frankreich und Italien, noch keine förmliche Hochschulausbildung für angehende Architekten. Sie mussten bei schon etablierten Baumeistern in die Lehre gehen oder sich in einer Bauhütte verdingen, und sie hatten sich in die vorhandenen Lehrbücher einzuarbeiten, Aufzeichnungen von Dombauern und Schriften der Klassiker zwischen Vitruv und Palladio. Knobelsdorff kam dem nach, und zumal Palladio beeindruckte ihn sehr.

Er unternahm etliche für seine Weiterbildung wichtige Reisen. Die erste führte ihn in das Dresden Augusts des Starken, wo er sich in die Architekturen der dortigen Barockmeister vertiefen konnte. Der Ausflug erfolgte offenbar auf Empfehlung Friedrichs, der seinerseits an seine Kavaliertour nach Kursachsen glückliche Erinnerungen bewahrte, auch solche an die Ästhetik.

Erheblicher und ausführlicher wurde die Italienreise, die Knobelsdorff von 1736 bis 1737 unternahm, wiederum auf Veranlassung des Kronprinzen. Er besuchte Rom, Florenz, Neapel und Venedig. Er verfertigte eine große Anzahl von Skizzen, oft Zeichnungen von Details dortiger Architekturen, solchen aus der römischen Antike, aus der italienischen Renaissance, aus dem italienischen Barock. Dazu entstand eine Reihe von Landschaftsimpressionen. Große Bildkünstler, von Michelangelo bis Correggio, beschäftigten ihn, und noch immer schien er unschlüssig, welcher künstlerischen Disziplin er sich endgültig zuwenden wollte.

Bereits vor dieser Italienreise hatte er sich praktisch in der Baukunst ausprobieren können, in Neuruppin. Der Kronprinz bewohnte dort, gemeinsam mit seiner frisch angetrauten Elisabeth Christine, ein vergleichsweise bescheidenes Quartier, hergestellt aus zwei benachbarten Bürgerhäusern. Wohl als Ausgleich dazu ließ er auf dem Glacis vor der aufgelassenen Stadtbefestigung einen kleinen Barockgarten anlegen, benannt nach Amalthea, der griechischen Nymphe und Mutter des Hirtengottes Pan. Hier entwarf und errichtete Knoblelsdorff einen Monopteros. Es war seine erste Architektur.

Der Bau existiert bis heute, wurde freilich später mehrfach verändert und dies nicht zu seinem Vorteil. 1735 war er ein allseits offener Rundtempel, mit acht toskanischen Säulen und auf dem Dach mit dem Abbild eines Apoll, dem der Tempel zugeeignet war. Die antike Gottheit ist himmlischer Gebieter über die Künste und steht den neun Musen vor. Als ein Musenkreis verstanden sich, der Kronprinz und seine Freunde, wie gesehen, als Friedrich noch überwiegend zivile Interessen verfolgte.

Maßgebliche Korrekturen

Nach dem Apollotempel in Neuruppin wurde Schloss Rheinsberg Knobelsdorffs zweite Aufgabe als Baumeister. Er hat sie nicht von Beginn an betreut. Die ersten Arbeiten stammen von seinem Architekturlehrer Johann Gottfried Kemmeter, der einen einigermaßen schmuck- und einfallslosen Umbau des alten Renaissancegebäudes vornahm, ganz im Sinne des Soldatenkönigs, der hier wie sonst auf äußerste Sparsamkeit hielt.

1737 übergab der Kronprinz das Projekt an Knobelsdorff. Der war eben aus Italien zurückgekehrt, Friedrich wohnte bereits seit einem Jahr in Rheinsberg. Nun machte er Knobelsdorff zu dem, was im kameralistischen Jargon den hübschen Namen »Bauintendant« trug. Unterstützt durch eine Reihe von Praktikern, nahm der sich seiner neuen Aufgabe an.

Er kümmerte sich um die städtebauliche Neuordnung des Ortes Rheinsberg. Er errichtete dem Schloss einen Nordflügel und ergänzte ihn durch einen Rundturm, der mit dem bereits existie-

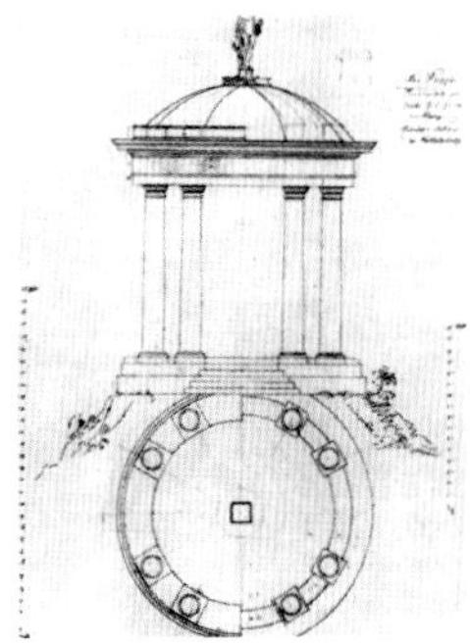

Georg Wenzeslaus von Knobelsdorff: Entwurf zum Apollotempel in Neuruppin

renden Südturm korrespondierte, was alles der Gesamtanlage zu Symmetrie verhalf. Er verband die beiden Flügel durch Kolonnaden. Er gestaltete den *Cour d'honneur* und richtete das Ensemble auf das Seeufer aus. Das Bauwerk erhielt ein einheitliches Aussehen, bei weitgehendem Verzicht auf üppiges Barockdekor.

Knobelsdorff überwachte auch die Anordnung der Innenräume. Er bezog die Parkgestaltung in seine ästhetischen Überlegungen ein, was er später in Sanssouci wiederholte, seine Vorbilder dabei waren, neben den französischen Barockgärten, die Landschaftsparks des Briten William Kent. Nicht alles, was Kemmeter vorgegeben hatte, konnte Knobelsdorff überbauen oder beseitigen. Manchmal lief es auf einen Kompromiss hinaus.

Die Umbauten waren noch nicht abgeschlossen, als Kronprinz Friedrich König wurde und Rheinsberg verließ. Manches am Schloss ließ Prinz Heinrich später verändern oder, wie das Kavalierhaus und den Marstall, gründlich umbauen. Der von Knobelsdorff angestrebte Gesamteindruck blieb erhalten. Schloss

Rheinsberg.
Skizze. Nach 1805

Rheinsberg ist das erste prägnante Beispiel des friderizianischen Baustils, der danach in Berlin und Potsdam seine glanzvolle Fortsetzung erfahren sollte.

1740 schickte der König den Architekten abermals auf eine Studienreise, diesmal nach Frankreich. Knobelsdorff besuchte den Louvre und Versailles, seine Bewunderung hielt sich in Schranken; über Flandern kehrte er zurück. Für den nicht ausgeführten Neubau eines repräsentativen Berliner Stadtschlosses skizzierte er Entwürfe, und er baute die Berliner Hofoper. »Eines der schönsten und stilgerechtesten Gebäude«, sagte der König, »welche die Hauptstadt schmücken.«

Er war beteiligt am Bau der St. Hedwigkathedrale. Er wirkte mit an der Umgestaltung des Tiergartens, worüber Friedrich sagte: »Er machte ihn zu einem köstlichen Stückchen Erde.« Knobelsdorff modernisierte für die Königinmutter das Sommerschlösschen Monbijou am nördlichen Berliner Spreeufer und leitete den Umbau des Stadtschlosses in Potsdam; die Orangerie, heute Filmmuseum, ist sein Werk.

Er entwarf Friedrichs Sommerbleibe Sanssouci. Über deren endgültige Gestalt zerstritt er sich mehrfach mit dem König. Knobelsdorff wollte das Schloss unterkellern und so hoch bauen, dass es vom Fuße des Weinbergs aus gut sichtbar sei. Der König verzichtete auf den Keller und bestand auf einer niedrigeren Höhe. Der Bau wurde nach den Wünschen des Auftraggebers ausgeführt. Der Architekt sagte ergrimmt, von unten gesehen wirke das Ding, als versinke es im Nilschlamm. Hier wie sonst erwies er sich als er ein eigensinniger, manchmal störrischer und alles andere als serviler Charakter.

Seine letzte Arbeit war die Französische Kirche in Potsdam, ein Zentralbau, der sich am Pantheon in Rom orientiert. Der Entwurf stammt von 1752. Da stand Knobelsdorff bereits seit sechs Jahren nicht mehr unmittelbar in Friedrichs Diensten, die fort-

Georg Wenzeslaus von Knobelsdorff: Architekturskizze

währenden Auseinandersetzungen mit dem König ärgerten ihn. Zudem hatte sich sein Gesundheitszustand weiter verschlechtert, außer an Tuberkulose litt er jetzt an Wassersucht, Gicht und einem unheilbaren Leberschaden.

Zur Erholung begab er sich ins belgische Spa. Der Aufenthalt brachte ihm keine Besserung. Seit 1746 lebte er zusammen mit Sophie Charlotte Schöne, der Tochter eines Potsdamer Küsters; die Liaison erregte das Missfallen der höfischen Gesellschaft. Auf dem Krankenbett bat Knobelsdorff den König, dass die zwei Töchter aus seiner Verbindung mit Sophie Schöne als seine Erben offiziell anerkannt würden. Friedrich erlaubte es, seine Bedingung war, dass nicht auch der Adelstitel unter das Erbe fiele.

Überhaupt hatten sich die Beziehungen zwischen Knobelsdorff und dem König zuletzt wieder verbessert. Der Architekt dankte seinem Souverän »für all die Güte und all die Wohltaten, mit welchen mich Euer Majestät während meines Lebens überhäuft haben«. Er starb im Herbst 1753. Er wurde beigesetzt im Deutschen Dom am Berliner Gendarmenmarkt. Friedrich verfasste ihm in französischer Sprache einen bemerkenswerten Nachruf, der 1754 verlesen wurde, in der Berliner Akademie der Wissenschaften, deren Ehrenmitglied der Tote gewesen war. Ins Deutsche übertragen heißt es darin:

»Knobelsdorff erwarb sich durch seinen lauteren und rechtschaffenen Charakter allgemeine Hochachtung. Er liebte die Wahrheit und glaubte, sie verletze niemanden. Gefälligkeit betrachtete er als Zwang und floh alles, was seine Freiheit zu beeinträchtigen schien. Man musste ihn genau kennen, um sein Verdienst voll zu würdigen.«

Vom Blatt geliebt

Das Geschehen

An einem Spätsommertag fahren zwei junge Leute von Berlin aus mit dem D-Zug bis nach Löwenberg. Dort steigen sie um in eine Kleinbahn, die sie, zusammen mit allerlei ländlichem Personal, nach Rheinsberg bringt, wo das Fahrzeug eines Hotels auf sie wartet. Es lädt sie ein, samt Gepäck, und bringt sie zu ihrer Herberge. In ihrem Zimmer finden sie eine gelbe Tapete, zwei Bilder und ein Doppelbett.

Die beiden heißen Claire und Wolfgang. Verheiratet sind sie nicht. Claire Pimbusch ist Studentin der Medizin, von Wolfgangs Nachnamen und Beruf erfahren wir nichts, vielleicht ist er Student, vielleicht Journalist. Verglichen mit Claire erscheint er etwas blass. Claire beherrscht die Szene mit ihrem Charme, ihren Albernheiten, ihren Irrtümern, ihren komödiantischen Intermezzi.

Die beiden unterhalten sich in einem etwas eigentümlichen Jargon. »Sie schwatzten fortwährend, die Claire am heftigsten. Ihr Deutsch war ein wenig aus der Art geschlagen. Sie hatte sich da eine Sprache zurechtgemacht, die im Prinzip an das Idiom erinnerte, in dem kleine Kinder ihre ersten lautlichen Verbindungen mit der Außenwelt herzustellen suchen; sie wirbelte die Worte so lange herum, bis sie halb unkenntlich geworden waren, ließ hier ein ›T‹ aus, fügte da ein ›S‹ ein, vertauschte alle Artikel, und man wusste nie, ob es ihr beliebte, sich über die Unzulänglichkeit einer Phrase oder über die andern lustig zu machen.«

Die beiden sind nicht verheiratet, aber da sie gemeinsam auftreten in einem eher kleinbürgerlich-spießigen Milieu, müssen sie sich mitunter als Ehepaar ausgeben. Ob sie jemals heiraten werden, ist ungewiss. Sie lieben sich. Sie haben

Kurt Szafranski:
Illustration zu Tucholskys »Rheinsberg«. 1912

Kurt Szafranski: Illustration zu Tucholskys »Rheinsberg«. 1912

sich drei Tage Urlaub genommen von der Großstadt, in der sie daheim sind, sie wollen eine für sie bislang unbekannte Gegend erfahren und dabei sich selber.

Sie besuchen das Rheinsberger Schloss, rutschen auf parkettschonenden Filzlatschen durch die Säle und lassen sich vom Schlosskastellan, einem dicken Menschen, das Nötigste erläutern. Sie gehen durch den Schlosspark. Sie bummeln durch die Stadt. Sie unternehmen mittels Kutsche eine Landpartie. Sie schauen in eine Theateraufführung, deren Text sie nicht kennen, die Heiterkeit des Publikums können sie nicht nachvollziehen, das Stück scheint eine Posse aus dem friderizianischen Zeitalter zu sein.

Sie rudern über den See. Sie treffen eine weibliche Person, die, auch angehende Medizinerin, sich als eine etwas verklemmte Verfechterin der weiblichen Emanzipation erweist, mit eher agnostischen Ansichten zu Natur und Gesellschaft. Männer sind für sie »Sexualtiere«. Ihre Familie hat Grundbesitz. Sie selber habe Temperament, sagt sie, doch leider auch einen »schlechten Teint«.

Claire und Wolfgang besuchen eine Filmvorführung. Wir befinden uns in den Anfängen der Kinematografie, und so werden zu musikalischer Begleitung drei kurze Stummfilme geboten: eine Naturreportage, ein Slapstick und ein Melodram. »Mochte die Handlung durchsichtig sein, hier war das Leben, aber konzentriert.«

Sie geraten in ein Gewitter. Sie essen. Sie schlafen. Sie liegen im Gras. Sie gehen in Geschäfte. Er kauft für sie ein Geschenk, in ein weiß verhülltes Paket getan, sie soll erst kurz vor der Abreise wissen, was es ist, ihre Neugier wehrt er ab. Sie wird nie erfahren, was es ist, denn sie werden das Paket vergessen, es wird in ihrem Hotel zurückbleiben.

Was hat dieser dreitägige Ausflug gebracht? Eine alltägliche Idylle. Ein kurzes Innehalten, und ein fast unlösbares Problem:

»Viel, fast alles auf der Welt war zu befriedigen, beinahe jede Sehnsucht war zu erfüllen – nur diese nicht. Was war, von oben betrachtet, ein Liebender? – Ein Narr.« Denn: »Wir haben nichts mehr zu verschleiern, wir wissen um alle Heimlichkeiten der Körper… Auch um alle der Seele? – Es gibt Worte, die nie gesagt werden dürfen, sonst sterben sie… Aber wir wollen nicht in diese Tiefen der Schatzkammern, wir haben einander ganz, und doch sehnen wir uns. Was ist das, das uns forttreibt, weiter, höher, vorwärts?«

Die drei Tage sind vorüber. Die beiden »packten ein, fuhren in dem rumpligen Hotelwagen zur Bahn, bestiegen in Löwenberg den D-Zug und fuhren durch die Nacht, brausend, aufgewühlt, nach Berlin. In die große Stadt, in der es wieder Mühen für sie gab, graue Tage und sehnsüchtige Telefongespräche, verschwiegene Nachmittage, Arbeit und das ganze Glück ihrer großen Liebe.«

Der Verfasser

»Rheinsberg. Ein Bilderbuch für Verliebte« erschien 1912. Der Autor, Kurt Tucholsky, war da gerade zweiundzwanzig Jahre alt.

Er studierte zu jener Zeit, Rechtswissenschaften, zwei Jahre später promovierte er in diesem Fach. Zugleich schrieb und publizierte er, Journalistisches, Feuilletonistisches, der erste Text, der von ihm gedruckt wurde, erschien bereits 1907 in einer Zeitschrift namens »Ulk«, der Titel lautete »Märchen«. Es handelte sich um eine vorsichtige Satire auf den regierenden Kaiser Wilhelm II. und dessen verbohrten Kunstgeschmack. In seinem akademischen Beruf wurde Tucholsky nur einmal kurz tätig, 1923, als Volontär in einem Berliner Bankhaus. Ansonsten würde er bis zu seinem Tod das bleiben, was schon seine Erstveröffentlichung auswies: ein kritischer Autor.

Er schrieb Essays, Kommentare, Kritiken, Polemiken, Reportagen, Fiktionales, Verse. Er war ein begnadeter Vielschreiber.

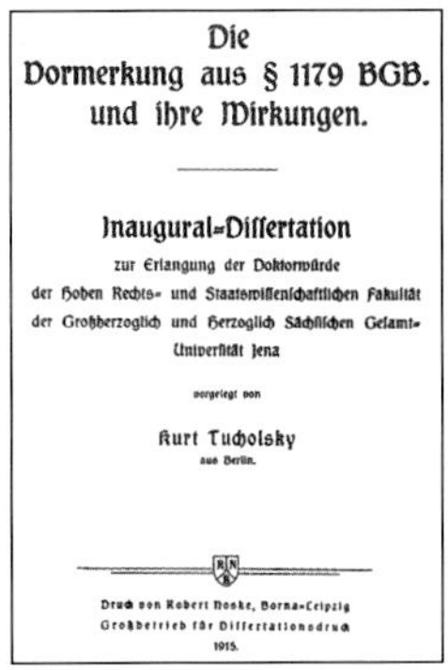
Die Vormerkung aus § 1179 BGB. und ihre Wirkungen.

Inaugural-Dissertation
zur Erlangung der Doktorwürde
der Hohen Rechts- und Staatswissenschaftlichen Fakultät
der Großherzoglich und Herzoglich Sächsischen Gesamt-Universität Jena

vorgelegt von

Kurt Tucholsky
aus Berlin.

Druck von Robert Noske, Borna-Leipzig
Großbetrieb für Dissertationsdruck
1915.

Titelblatt der Dissertation Kurt Tucholskys

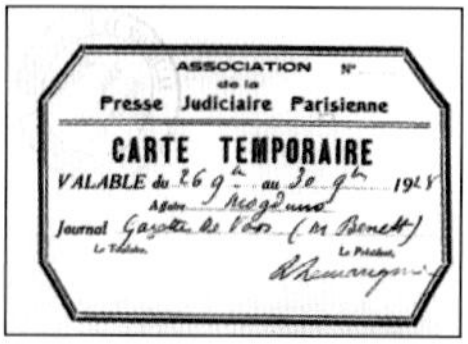
ASSOCIATION N°
de la
Presse Judiciaire Parisienne
CARTE TEMPORAIRE
VALABLE du 26 9bre au 30 9bre 1928
Affaire
Journal Gazette de Paris
Le Titulaire,
Le Président,

Französischer Presseausweis Kurt Tucholskys

Er konnte schnodderig sein, sentimental, respektlos, von omnipräsentem Witz und gelegentlich geschmacklos. Ab 1913 war er ständig einer Wochenzeitschrift verbunden, die zunächst »Schaubühne« hieß und später »Weltbühne«, ein linksliberales Intellektuellenblatt, dessen Einfluss größer war, als die vergleichsweise geringe Auflage vermuten ließ. Er hat ihre Redaktion vorübergehend geleitet und veröffentlichte darin unter seinem eigentlichen Namen wie zusätzlich unter vier Pseudonymen, sie lauteten Theobald Tiger, Peter Panther, Ignaz Wrobel und Kaspar Hauser. »Es war nützlich«, sagte er, »fünfmal vorhanden zu sein.«

Er schrieb für das Kabarett, das in Deutschland vor und, mehr noch, nach dem Ersten Weltkrieg eine Blütezeit erlebte. Viele seiner populärsten Gedichte sind für die Kleinkunstbühne entstanden, wurden vertont, zum Beispiel von Hanns Eisler, und wurden gesungen von populären Interpreten wie Rosa Valetti, Claire Waldoff, Kate Kühl, Trude Hesterberg, Ernst Busch und Paul Graetz.

Der sprachliche Reiz vieler Texte besteht darin, dass Tucholsky ein genaues Ohr hatte für den Tonfall seiner Heimatstadt. »Er war einer der wenigen, die den wirklichen Berliner Witz verstanden und auch wirklich Berliner Dialoge schreiben konnten«, sagte über ihn sein Zeitgenosse, der Maler George Grosz. Erstaunlicherweise hat er Berlin wenig geschätzt und gerne gemieden. Viel lieber mochte er Paris und überhaupt Frankreich, wo er lange gelebt hat; außerdem mochte er Schweden, wo ein erfolgreiches Erzählbuch von ihm spielt, das er dann als Ort seines politischen Exils erwählte, wo er schließlich starb und wo er begraben liegt.

Tucholsky starb von eigener Hand. Er war nicht sehr gesund. Er litt an Magenbeschwerden und Depressionen, er hatte finanzielle Sorgen, seine private Situation insgesamt war nicht gut, doch ebenso bedrückten ihn die düsteren politischen Zustände in Deutschland. Den größeren Teil seines Lebens war er ein Mann sozialistischer Überzeugungen gewesen, worüber gern und gnädig vergessen wird, dass er auch, zu Beginn des Ersten Weltkriegs, eine Phase chauvinistisch-militaristischer Begeisterung durchlebt hatte. Sie war nur kurz und entließ ihn als radikalen Pazifisten.

Er wurde für eine kurze Zeit Sozialdemokrat und schied in Unfrieden von der Partei. »Der SPD-Führer: ›Was meinen Sie, was ich schon alles verhindert habe?‹ – Eins hat er bestimmt nicht verhindert: sich selber.« Zuletzt stand er den äußersten Linken nahe, ohne Kommunist zu sein, die KPD war ihm unheimlich. »Schade, dass Sie nicht in der Partei sind – dann könnte man Sie jetzt ausschließen.« Er war und blieb ein heimatloser Linker. Am ähnlichsten in der gesamten deutschen Literatur- und Geistesgeschichte war ihm Heinrich Heine, den er einmal einen »Jahrhundertkerl« genannt hat. Die Ähnlichkeit betrifft die Herkunft wie das Talent, den studierten Beruf wie die politische Neigung, die Liebe zu Frankreich, die schwere Krankheit und das Verhältnis zum anderen Geschlecht.

Er stammte, wie Heine, aus einer Familie assimilierter Juden. Das Milieu seiner Herkunft hat er literarisch ausgebeutet: in seinen Geschichten vom Herrn Wendriner. Die Titelfigur ist ein neureicher jüdischer Geschäftsmann, geschwätzig, clever, gebildet, prinzipienlos, ein Beispiel bürgerlich-großbürgerlichen Versagens. Man geht kaum fehl, darin auch ein Moment persönlicher Selbstkritik zu sehen.

Die Wendriner-Geschichten sind Monologe. Tucholsky hat diese Form der Rollenprosa geschätzt; die andere berühmte Serie dieses Typus sind seine Geschichten von Lottchen. Die ist, was die Romanautorin und Tucholsky-Zeitgenossin Irmgard Keun ein »kunstseidenes Mädchen« genannt hat: ein Geschöpf emanzipierter Kleinbürgerlichkeit, schrill, oberflächlich, flatterhaft,

Kurt Tucholsky in Paris. Fotografie. 1928

aufdringlich und halbgebildet, dabei nicht ohne Charme. Es existierte ein reales Vorbild für diese Figur: Lisa Matthias, von Beruf Modezeichnerin und Journalistin. Tucholsky hatte ein Verhältnis mit ihr.

Sie war nicht sein einziges. Er war ein *homme à femme* und lebte, wie sein Biograf Klaus-Peter Schulz richtig bemerkt, »selten monogam«. Zweimal hat er geheiratet, beide Ehen hielten nicht lange. Die erste schloss er mit der angehenden Ärztin Else Weil. Sie war das Vorbild für die Claire Pimbusch in »Rheinsberg«.

Als er sich mit ihr einließ (oder sie sich mit ihm), war er eigentlich mit einer anderen verlobt. Ihr Name war Kitty Frankfurter, man weiß nicht viel über sie. »Else Weil war, nach Aussagen von Zeitgenossen, keine Schönheit, aber ein charmantes, kluges, schlagfertiges und humorbegabtes Geschöpf«, sagt Biograf Schulz. Die dreitägige Reise mit ihr nach Rheinsberg hat Tucholsky wahrscheinlich im Hochsommer 1911 angetreten; das Buch macht Spätsommer daraus und beginnenden Herbst, eine Jahreszeit, die Tucholsky besonders mochte.

Anders als im Text war auch das reale Ende: Else Weil fuhr anschließend für einige Wochen an die Ostsee, während Tucholsky, zurück in Berlin, sich darum kümmern musste, wie er die Sache seiner Verlobten Kitty beibrachte.

Die Wirkung

»Rheinsberg. Ein Bilderbuch für Verliebte« erschien im Berliner Verlag von Axel Juncker. Der Inhaber kam aus Dänemark, war 1870 geboren und gelernter Buchhändler, sein kleines Unternehmen gilt gemeinhin als Adresse für deutsche Expressionisten. Es brachte Else Lasker-Schüler und Max Brod heraus, doch hat es auch Rainer Maria Rilke ediert. Inzwischen existiert der Name nur mehr als Imprint eines großen deutschen Verlagshauses für Fremdsprachen.

Kurt Tucholsky mit Lisa Matthias. Fotografie. 1929

Bilderbuch. Die Erstausgabe war tatsächlich illustriert. Der Zeichner hieß Kurt Szafranski und war ein Freund Kurt Tucholskys, worauf in sehr verdeckter Weise die gedruckte Widmung hinweist: »Unsern lieben Frauen M. W. / K. F. /C. P.« Das erste Initial stand für Mania, Szafranskis damalige Freundin. K. F. stand für Kitty Frankfurter, Tucholskys Verlobte, und C. P. für Claire Pimbusch, Heldin des Buches, also für Else Weil.

Den Namen Pimbusch hatte sich Tucholsky bei Heinrich Mann ausgeborgt, dessen Romanfigur eine ausgesprochen miese Erscheinung ist. Dass Tucholsky seine neue Freundin ausgerechnet so benannte, war einigermaßen zynisch. Als Dank für die Namensspende ist eines von zwei Motti des Buches ein Heinrich-Mann-Zitat: »Müde und bekränzt streckt sich der Sommer ins Gras.«

Der Illustrator Kurt Szafranski war ein Schüler des damals bekannten Grafikers und Designers Lucian Bernhard, der zeitweilig die renommierten Deutschen Werkstätten Hellerau leitete. Gemeinsam mit Tucholsky hat Kurt Szafranski 1911 eine Reise nach Prag unternommen, wo die zwei unter anderem einen jungen Versicherungsjuristen mit literarischen Neigungen trafen, Franz Kafka. Der hat die Begegnung dann in seinem Tagebuch vermerkt. Ihm war Tucholsky ein »ganz einheitlicher Mensch von einundzwanzig Jahren«. Er bestätigte ihm »Zweifel an der eigenen Fähigkeit zur Pose, die er sich aber von größerer Welterfahrung erhofft«.

Szafranski hat mehrfach für Axel Juncker gearbeitet, später auch für den Zeitungs- und Buchverlag Ullstein. Schließlich emigrierte er in die USA, wo er eine Publikumszeitschrift betreute. Der Stil seiner Zeichnungen wirkt ein wenig biedermeierlich.

Tucholskys »Rheinsberg« nimmt in der zehnbändigen Tucholsky-Werkausgabe gerade fünfundzwanzig Seiten ein. Der Verleger, wenn wir dem Verfasser glauben dürfen, war von dem

Erstausgabe von Tucholskys »Rheinsberg«. 1912

Links und rechts:
Notgeld mit Rheinsberg-motiven.
Nach 1918

Werklein zunächst gar nicht überzeugt, »aber nachdem mir Verlegermeister Juncker noch rasch mitgeteilt hatte, dass Liebespaare niemals so miteinander redeten, nahm er es doch«. Ebenso war der Illustrator anfangs eher skeptisch. »Der Dicke sagte, einen solchen Bockmist hätte er wohl alle seine Lebtage noch nicht vernommen, aber wenn ich es ein bisschen umarbeitete, und wenn er es illustrierte, dann würde es schon gehen. Ich arbeitete um, ließ die hübschen Stellen weg, walzte die mäßigen etwas aus, und inzwischen illustrierte jener (...).«

Die Erstverkäufe erfolgten unter anderem auf dem Kurfürstendamm, dem großen Boulevard in der damals noch selbstständigen Stadt Charlottenburg bei Berlin. Die beiden Freunde hatten eine Bücherbar eröffnet, die auch noch andere Titel führte. Wer einen Kauf tätigte, erhielt gratis einen Schnaps. Die Sache, als Ulk gedacht, war finanziell ein Zuschussgeschäft.

Dafür machte sie eine Menge Aufsehen, und die kam dem Bilderbuch zugute. »Es wurde ein Bombengeschäft. Über meine Verdienste will ich gar nicht erst reden; Szafranski kaufte sich jedenfalls von den seinen etwas, das er in befreundeten Kreisen als Häuschen ausgibt, und gehört heute zu den geachtetsten Mitbürgern Zehlendorfs.« Bei diesem Erfolg sollte es bleiben. »Rheinsberg« ist eine von Tucholskys meistverkauften Arbeiten.

1920, als das fünfzigste Tausend gedruckt werden sollte, schrieb der Autor gleich zwei Begleittexte, in denen er über die Entstehung plauderte. Geschrieben habe er Hotelwand an Hotelwand mit jener Frau, die im Text Claire heißt. Viele Notizen und Fassungen habe es gegeben. »Es wollte gar nicht vom Fleck«, heißt es dann. »Aber es wurde doch durchgebissen, und in einem September kam ich mit den Bücherchen müde zu Hause an.« Er ergänzt: »Die Privatsprache, die da in dem Buch geredet wird, hat sich allerdings längst gewandelt. Das sind ihre Uranfänge, und den fertig ausgebildeten Dialekt würdet ihr gar nicht verstehen. ›Nuh deh alleliebsse Pumbusch es bikenke, weil sölm bifundsteint‹ – Ja, da staunst du! Ich staune auch, wie sich erwachsene Menschen mit solchem Klimbim die Zeit vertreiben können. Ich bitte Sie, der Ernst des Lehms!«

Der Erfolg, der ihm ebenso willkommen wie etwas unheimlich war, gründe, so meint er, auf die im Buch geschilderte »sorglose Atmosphäre«, auf die »Unbeschwertheit des Alltags, das kleine billige Glück und die Möglichkeit, überall mit wenig Geld durchzukommen«. Darin hätten sich viele junge Leute wiedererkannt und einander danach »vom Blatt geliebt«.

Tatsächlich ging es um die Erotik. »Vor der Veröffentlichung«, so Klaus-Peter Schulz, »war das Erotische in der Epoche modischer und sonstiger Unnatur entweder nur in verkitschter und verlogener Form oder – im Stil Strindbergscher, Wedekindscher oder Weinigerscher Problematik – in zugespitzter dramatischer Düsternis dargestellt worden.« Hier aber wurde »einfach und unbefangen« verfahren, also heiter, freundlich, genussvoll, wiewohl auch ein bisschen melancholisch. Ganze Generationen fanden sich darin wieder und erhoben »Rheinsberg« zu ihrem Kultbuch, so dass es beitragen konnte zu einer allmählichen Liberalisierung auf sexuellem Gebiet. 1920 war das alles eben zugange. Mit der Wiederentdeckung des zwischendurch verfemten Tucholsky im Jahre 1945 setzte es sich fort.

Was aber den damaligen Erfolg anlangte, so hätte Tucholsky ihn gerne wiederholt. Zwar schrieb er 1920: »Nein – solche Dinge haben keine Fortsetzung.« Doch genau zwanzig Jahre nach der Entstehung von »Rheinsberg« verfasste er einen Text, der nichts anders war als eine Fortsetzung der etwas anderen Art.

Der Verleger hieß diesmal Ernst Rowohlt, und das Buch war ein ausgewachsener Roman. Auch jetzt ging es wieder um ein Schloss, und der Inhalt war wieder eine reine Liebesgeschichte. Das Schloss heißt Gripsholm und steht in Schweden, während die Liebesgeschichte, entsprechend dem freier und promisker gewordenen Zeitgeist in der Republik von Weimar, eine Sache zwischen drei Personen ist, einem Mann und zwei Frauen. »Schloss Gripsholm« wurde gleichfalls ein beachtlicher Erfolg. Den von »Rheinsberg« hat es eingeholt.

An das Ende seines Vorworts zur Auflage von 1920 setzte der nunmehr Dreißigjährige (in Anspielung auf den unbekannten Inhalt des Pakets, das im Hotel liegen blieb) diese Sätze:

»Was war in dem Paket –? Möchte ein gerecht und ernsthaft wägender Philologe des einundzwanzigsten Jahrhunderts diese Kernfrage der unsterblichen Claire zum Thema einer Doktorarbeit machen. Ich weiß es nicht. Aber was in dem Buch da ist: das weiß ich schon. Eine bessere Zeit, und meine ganze Jugend.«

F. Conrad Krüger: Schloss Rheinsberg. Stich. 1773

Das alte süße Thema

Opernschaffen

Siegfried Matthus wurde 1934 in Ostpreußen geboren. Er wuchs in Neuruppin auf und besuchte in Rheinsberg die Oberschule. Ab 1952 studierte er an der Berliner Hochschule für Musik, sein Lehrer im Fach Komposition war Rudolf Wagner-Régeny. Im Jahre 1958 wurde er Meisterschüler bei Hanns Eisler, 1964 holte ihn Walter Felsenstein an seine Berliner Komische Oper, wo er als Dramaturg tätig war und Veranstaltungen für Kammermusik betreute.

Siegfried Matthus. Fotografie. 1991

Seiner ersten Arbeit fürs Musiktheater diente der spanische Schelmenroman »Lazarillo vom Tormes« als Vorlage. Sein musikalischer Stil, darin blieb er ganz Schüler seiner Lehrer, war und ist der einer maßvollen Moderne. Seinen Arbeiten ist anzuhören, dass ihr Schöpfer sich in der zeitgenössischen Avantgarde gut auskennt und von ihr einiges übernimmt, atonale Klänge, Serielles, die reichliche Verwendung von Perkussion, die weitgehende Abkehr von spätromantischem Orchesterklang. Bei alledem bleibt seine Musik kantabel, er sucht die Fortsetzung der Traditionen, nicht den Bruch mit ihr.

Insgesamt gibt es elf Opern von Matthus. Ihre Libretti schrieb er sich teilweise selbst. Er hat Friedrich Hebbels Tragödie »Judith« vertont und eine britische Kriminalkomödie, »Noch einen Löffel Gift, Liebling?«. Das Schicksal des französischen Revolutionspolitikers Gabriel de Riqueti Graf von Mirabeau nahm er ebenso als Vorlage wie das des italienischen Kastraten Farinelli, Rainer Maria Rilkes »Weise von Liebe und Tod des Cornetts Christoph Rilke« und das Schicksal Cosimas, der Tochter Franz Lists und zweiten Gattin von Richard Wagner. Er dürfte der produktivste deutsche Opernschöpfer seiner Generation sein neben Aribert Reimann.

Er lebte in der DDR alle vierzig Jahre ihres Bestehens und lebte dort ohne Probleme. Die rigide Kunstzensur im ostdeutschen Staat verfuhr mit Musikern vergleichsweise nachsichtig, die Situation war angenehmer als die der schönen Literatur oder der Bildkunst. Sie war auch anders als die der Musik in der Sowjetunion, wo Schostakowitsch, Prokofjew oder Chatchaturian ihres Avantgardismus wegen übelste Restriktionen erfuhren. Hanns Eisler, der Arnold-Schönberg-Schüler und Lehrer von Matthus, hatte freilich einmal große Schwierigkeiten mit der Zensur, doch nicht wegen seiner Noten, sondern wegen eines von ihm verfassten Librettos. »Noten lesen kann eben nicht jeder«, sagte zur höhnischen Erklärung ein Komponist aus der DDR.

Alte Ansichtspostkarte

1991, der ostdeutsche Staat war eben untergegangen, rief Matthus die Kammeroper Rheinsberg ins Leben. Dies war eine Geste an den Ort, in dem er einst die Schule besucht hatte, und es war der Versuch, dem wieder erstandenen Bundesland Brandenburg eine Innovation zu bescheren. Das Rheinsberger Schloss enthielt keine Diabetiker-Klinik mehr, sondern war ein musealer Ort, der seiner Besucher harrte. Es bot gleich mehrere mögliche Spielstätten und bewahrte Erinnerungen an eine auch musikalisch bedeutsame Vergangenheit.

Seither veranstaltet die kleine Stadt im Ruppiner Land allsommerlich ein Opernfestival. Der Erfolg ist beträchtlich. Die Atmosphäre hält sich irgendwo zwischen Salzburg und Glyndebourne, märkisch diminuiert. Spielflächen sind das Theater im Kavalierhaus, der *Cour d'honneur* des Schlosses und das Heckentheater. Das Festival versteht sich als Probebühne für den Sängernachwuchs, zuvor werden ausführliche Auditions abgehalten. Von den Talenten, die hier auftraten, sei die inzwischen international erfolgreiche Annette Dasch genannt.

Auf dem Spielplan stehen drei bis vier Neuinszenierungen pro Sommer, von Opern zwischen Claudio Monteverdi und Benjamin Britten, darunter ist selten Gespieltes wie E.T.A. Hoffmanns »Undine«. 2001 wurde hier die Oper »Kronprinz Friedrich« von Siegfried Matthus uraufgeführt. 1996 spielte man »Walder« von Georg Anton Benda und 1994 »Montezuma« von Carl Heinrich Graun. In allen drei Fällen gab es direkte Beziehungen zur Vergangenheit des Aufführungsorts.

Die Vorläufer

Georg Anton Benda gehörte zu einer vielköpfigen böhmischen Musikerdynastie. 1740 kam er als Neunzehnjähriger nach Berlin und wurde in der königlichen Kapelle Violinist, zudem spielte er Oboe und Klavier. Er blieb in Preußen bis 1748, dann wechselte

Innenraum des Schlosstheaters.
Fotografie. Vor 1945

er nach Thüringen, an das Hoftheater in Gotha, später lebte er in Hamburg und in Wien. Zu seinen zahlreichen Kompositionen zählen neun Opern mit italienischen und deutschen Libretti.

Er hatte einen älteren Bruder mit Vornamen Franz. Der durchlief verschiedene Stellungen in Wien, Warschau und Dresden, ehe er 1733 in die Dienste des preußischen Kronprinzen trat. Der lebte damals noch in Neuruppin und wollte sich ein eigenes Musikensemble zulegen. Franz Benda wurde darin erster Violinist. Mit Friedrich zusammen ging er nach Berlin und blieb Angehöriger der Hofkapelle bis zu seinem Tod. Dass sein Bruder Georg (und noch zwei weitere Geschwister) im Orchester des Königs spielten, ging auf seine Bemühungen zurück.

Den Kontakt zwischen Franz Benda und Friedrich hatte Bendas Lehrer Carl Heinrich Graun hergestellt. Auch er besaß einen musikalischen Bruder, Johann Gottlieb, mit dem gemeinsam er in Friedrichs Hofkapelle musizierte. Seine eigene Bekanntschaft mit dem preußischen Kronprinzen datierte auf das Jahr 1733, als zur Feier von dessen Hochzeit mit der Prinzessin von Braunschweig-Bevern eine Komposition Grauns uraufgeführt wurde, die Oper »Lo Specchio della Fedeltà«. Graun blieb ein emsiger Komponist fürs Musiktheater. Er verfasste insgesamt dreiunddreißig Opern.

Diese für heutige Begriffe atemberaubend hohe Zahl war zu Grauns Zeiten nichts Extraordinäres: Georg Friedrich Händel brachte es auf fünfundvierzig Opern, Antonio Salieri, der Konkurrent Mozarts, sogar auf achtundvierzig. Wie die meisten Werke des letzteren (bei Händel stehen die Dinge anders) sind auch die musikdramatischen Arbeiten Grauns heute gründlich vergessen, mit einer Ausnahme: der Oper »Montezuma«. Sie wird gelegentlich gespielt. Sie wird gespielt, weil das Libretto einen berühmten Verfasser hat: König Friedrich II. von Preußen.

Diese Arbeit entstand 1755, ein Jahr vor Beginn des Siebenjährigen Kriegs, in Berlin. Rheinsberg gehörte nunmehr dem Prinzen

Unbekannter Grafiker:
Georg Anton Benda

Heinrich, und der war es recht eigentlich, der das Schloss zum Ort von Opernaufführungen machte. Seine Kapelle umfasste einundzwanzig Musiker. Unter den Opern, die er spielen ließ, war »Iphigenie auf Tauris« von Christoph Willibald Gluck. Ein Besucher, Graf Henckel von Donnersmarck, hat an Heinrichs Theaterabenden teilgenommen und seine Eindrücke aufgeschrieben:

»In der Komödie saßen er und die Herrschaften im Parterre, wo von beiden Seiten zwei große Kaminfeuer brannten. Während der Zwischenakte wurde Tee angeboten, und der Prinz ging die Aktricen zu bekomplimentieren, wenn sie zu seiner Zufriedenheit gespielt hatten.«

Noch älter und intensiver als die Bekanntschaft mit Carl Heinrich Graun war die Beziehung Friedrichs zu Johann Joachim Quantz. Der im Niedersächsischen geborene und zunächst in Kursachsen beschäftigte Musiker beherrschte zwölf Instrumente, darunter die Querflöte. In Dresden spielte er in Kurfürst Augusts Hofkapelle, wo ihn während seines Besuches der sechzehnjährige preußische Kronprinz erlebte. Augenblicklich engagierte er Quantz als seinen Lehrer. Die Verbindung missfiel dem Vater,

Antoine Pesne:
Carl Heinrich Graun mit seiner Frau Anna Luise

Adolph von Menzel:
Friedrichs Flöte und Noten. Zeichnung. 1840

und er verbot den Unterricht. Friedrich setzte ihn heimlich fort. Bei einem überraschenden Besuch Friedrich Wilhelms musste sich Quantz in einem Schrank verstecken.

Seine Situation verbesserte sich, und da sehr entschieden, nach Friedrichs Regierungsantritt. Quantz wurde Hofkomponist. Zweihundert Solosonaten und dreihundert Solokonzerte stammen von ihm, alles Arbeiten für Traversflöte, von denen manche der König persönlich vortrug, für sich oder für geladene Gaste. Als Siegfried Matthus seine Friedrich-Oper komponierte, kam Flötenmusik darin sehr ausführlich vor.

Die Musikalität ist dem Schloss und der Landschaft gleichsam imprägniert. »Dröhnten nicht drei Paukenschläge? – Ein Dominantakkord erklang: ein Lauf, von der Flöte gepfiffen, machte neugierig, gespannt«, so heißt es in Kurt Tucholskys »Bilderbuch für Verliebte«. »Und wieder ein Lauf, die Geigen folgten, die Melodie blieb auf einem neuen Dominantakkord stehen... Pause... Und das alte, süße Thema kehrte in den Geigen wieder, hier war Erinnerung, heimliche Freuden und alles verliebte Flüstern der Welt!«

Vorsichtige Empfehlung

Lieber Fritz,
Du fragst, ob ich in letzter Zeit Rheinsberg besucht habe und wie es dort mit Erinnerungen an Kurt Tucholsky steht, Deinem literarischen Abgott. Nun, ich bin in Rheinsberg gewesen, und an Tucholsky erinnert dort mancherlei, so eine Straße, die hinter dem Marktplatz in ostwestlicher Richtung verläuft und am Seeufer endet.

Ich war mit dem Wagen unterwegs. Ich kam an dem Bahnhof vorbei, wo Claire und Wolfgang, besser Else und Kurt, damals ausgestiegen sind. Er wirkte nicht so verwaist wie Bahnhöfe in anderen Kleinstädten, freilich werden überwiegend bloß noch Güter umgeschlagen. Sehr gelegentlich endet hier ein Sonderzug aus Berlin. Wer sich sonst in öffentlichen Verkehrsmitteln nach Rheinsberg begeben will, wird nicht, wie Tucholsky, bis Löwenberg fahren, sondern bis Neuruppin, dort muss er in einen Omnibus wechseln.

Wo 1911 das Liebespaar abgestiegen ist, konnte ich nicht herausfinden. Die intensivsten Erinnerungen an Tucholsky bietet eine dem Dichter gewidmete Gedenkstätte. Sie ist untergebracht im Nordflügel des Schlosses und zeigt, was Literaturmuseen so enthalten: Porträtfotos, Erstausgaben, Handschriften, etwas Mobiliar.

Hier ist es der Schreibtisch, an dem Tucholsky während seines schwedischen Exils gesessen hat. Ich traf auf einen Fernsehmonitor, in dem unentwegt eine Verfilmung von »Rheinsberg« lief. Sie stammt von 1967, mit der reizenden Cornelia Froboess als Claire, doch da der Film auf volle achtundachtzig Minuten gedehnt werden musste, erhielt Claire ein großbürgerliches, von Dienstpersonal umsorgtes Elternhaus, das erkennbar nicht jüdisch war, während Wolfgang in einer Zeitungsredaktion mit lauter sehr grimmig dreinblicken Vorgesetzten seiner beruflichen Arbeit nachging.

Die literarische Vorlage, das »Bilderbuch für Verliebte«, war am Eingang der Gedenkstätte erhältlich, in gleich mehreren Ausgaben, darunter einer mit Zeichnungen der Erstausgabe. Im gleichen Museumstrakt hing noch eine Ausstellung, mit Fotos von Dichterhäusern. Insgesamt stimmte mich mein Aufenthalt melancholisch: Während der knappen Stunde, in der ich mich dort befand, blieb ich der einzige Besucher.

Anders verhielt es sich mit den übrigen Räumen im Schloss. Dort war massenhaft Publikum unterwegs, teils mit lebendigen Führern, teils mit schwarzen Audiogeräten am Ohr. Der Gang durch das reichliche Halbhundert rekonstruierter Zimmer und Säle ist eindrucksvoll und lohnend, kein Vergleich mit dem trübseligen Ambiente, das Tucholsky erlebt hat wie vor ihm Fontane. Der findet in Rheinsberg ebenso oft statt wie der Mann mit den vier Pseudonymen, und noch häufiger gibt es Fridericus, als Kronprinz und als König. Der war nun auch ein Literat, unter anderem, und gewiss kein schlechter.

Rheinsberg, die Stadt und das Schloss, sind eine seiner Hinterlassenschaften. Das Schloss gedieh zu einer denkmalpflegerischen Glanzleistung, dass es lohnt, hierher zu kommen, nicht bloß Tucholskys wegen. Rheinsberg ist der Ort eines anmutigen, freundlichen, friedlichen, kunstsinnigen Preußen, abseits von den fürchterlichen Schattenseiten, die zu diesem Staat auch gehören.

Dies, lieber Freund, wäre zu berichten. Vielleicht macht es dich neugierig.

Gartenportal im Park

Sphinx im Park

Nordseite des Schlosses

Schlosskolonnaden

Puttenplastik in den Schlosskolonnaden

Blickachse zum Obelisken

Replik antiker Götterstatue am Schloss

Schlosstheater

»Pomonastatue« am Schlosstheater

Heckentheater im Park

Laubengang im Park

Blickachse im Park

Egeriagrotte im Park

Freundschaftstempel im
Orangerierondell

Blick auf das Schloss

Ufersteine mit Sgraffito